NZZ **LIBRO**

SIMONE ACHERMANN
STEPHAN SIGRIST

WIE WIR MORGEN LEBEN

DENKANSTÖSSE FÜR DAS ZEITALTER DER LANGLEBIGKEIT

Herausgegeben von W.I.R.E., dem Think Tank für Wirtschaft, Wissenschaft und Gesellschaft in Kooperation mit Swiss Life

NZZ Libro

LANGE LEBEN.
ABER WIE?

Die meisten Revolutionen entfalten sich mit Getöse. Physische und andere Mauern brechen unter dem Ruf von Demonstrantinnen oder Soldaten zusammen. Dieses Buch handelt von einer stillen Revolution. Sie ist eine Prognose, die sich schleichend zum Fakt macht: Wir werden immer älter.

Das Durchschnittsalter der Weltbevölkerung steigt kontinuierlich. In den nächsten 30 Jahren wird sich der Anteil der über 50-Jährigen weltweit verdoppeln. Am stärksten betroffen von der Alterung der Gesellschaft sind die Industrienationen. In den USA gibt es bereits heute mehr Rentner als Arbeitnehmer. In der Schweiz wächst die Bevölkerungsgruppe der über 80-Jährigen am schnellsten. Der Anteil der über 65-Jährigen wird hierzulande bis 2050 um 30 Prozent liegen – ein globaler Spitzenwert.[1]

Hinter der Alterung der Gesellschaft steht zum einen die steigende Lebenserwartung. Laut dem Max-Planck-Institut nimmt die Lebensdauer jedes Jahr – und bereits seit Jahrzehnten – um drei Monate zu. Verstärkt wird dieser Effekt zum anderen durch Geburtenraten, die genau in jenen Teilen der Welt, in denen sich die Lebenserwartung erhöht, besonders tief oder am Sinken sind. Die Schweiz belegt in der Liste der globalen Geburtenraten mit durchschnittlichen eineinhalb Kindern pro Frau einen Rang im letzten Sechstel.

Gerade in den Industrienationen sorgt der medizinische Fortschritt dafür, dass wir nicht nur länger, sondern auch länger gesund leben. Viele Krankheiten, die früher ganze Generationen dezimierten, sind heute nicht länger lebensbedrohlich. Neue Zivilisationsgebrechen werden frühzeitig erkannt und behandelt.

In der persönlichen Selbstoptimierung vermischt sich die Medizin mit der Welt der Digitalisierung. Der Verdatung der eigenen Gesundheit besonders angetan sind die Babyboomer, jene Generation also, die im 20. Jahrhundert die Jugend neu erfand und nun auch den Wandel des Lebens im Alter antreibt. Aussergewöhnlich geburtenstark, fit und technologieaffin wie keine Generation zuvor, feuern die Babyboomer mit ihren neuen Anforderungen an das Pensionsdasein den Wandel an: Das Leben im Alter wird gerade neu definiert. Der Westen erlebt in den nächsten Jahren also eine massive quantitative und qualitative Veränderung seiner Altersstruktur. Die Weltgesundheitsorganisation WHO erwartet weitreichende Konsequenzen für Sozialsysteme, Arbeit und Lebensgestaltung.

Dennoch wird das lange Leben von morgen einseitig diskutiert. Silver Surfers, Golden Ageing: Studien zum Thema beziehen sich meist auf die neuen Herausforderungen oder die Verbesserung des Lebens – in dessen letzten Phasen. In den Medien zeigt sich ein ähnlich eindimensionales Bild. Der Boulevard thematisiert die neuen Lebenswege der Babyboomer – Rentner-Rockstars, Mütter im Oma-Alter – auf banale Weise. Und auch in Qualitätsmedien herrscht Monotonie. Geschichten über Pflegeroboter oder weiterarbeitende Pensionäre beziehen sich stets auf das Leben im Pensionsalter. Kein Wunder, ist auch die öffentliche Debatte geprägt von einer polaren Emotionalisierung. Einerseits wird von einer Gesellschaft mit mehr chronischen Krankheiten und einer tieferen Produktivität ausgegangen. Andererseits wird das Bild von wohlhabenden und selbstbestimmten Senioren geprägt.

All diese Entwürfe greifen in einem zu kurz. Sie analysieren die Auswirkungen der stillen Revolution nur in Bezug auf die letzten Lebensphasen. Dabei verändert die Verlängerung des Lebens das ganze Leben. Gepaart mit dem technologischen und medizinischen Fortschritt, der voranschreitenden Digitalisierung und neuen Wertehaltungen im Bezug aufs Alter eröffnet der Zugewinn an Lebenszeit neue, ungeahnte Möglichkeiten in der Lebensgestaltung.

Das Verhältnis von Arbeits- und Privatleben beispielsweise kann flexibilisiert werden; in der Karriere- und Familienplanung ergeben sich neue Wege. Wenn man jederzeit Kinder kriegen kann, lassen sich Beruf und Erziehung besser vereinbaren: Karriere oder Kinder macht man, wenn man reif und bereit dazu ist. Man nimmt sich Auszeiten und passt die Arbeitsauslastung der Lebensphase an. Wer schliesslich bis zum Lebensende arbeitet, dem reicht auch eine 30-Stunden-Woche.

Auch unsere Beziehungs- und Wohnformen können erneuert werden. Wenn sich so viele Paare durch den Stress der Kindererziehung entfremden, kann man das Liebesleben auch gleich personell von der Kinderbetreuung trennen – oder aber man verteilt die Erziehung im Mehrgenerationenhaus auf die ganze Grossfamilie. Die Komplexität der Neuverteilung der Geschlechterrollen wird manche Paare wiederum auf traditionelle Rollen ausweichen lassen. Vom Fokus auf sich selbst über das Konzept «Liebe nach der Karriere» bis hin zum Verhältnis mit einer künstlichen Intelligenz steht das zukünftige Feld des Zusammenlebens weit offen. Dasselbe gilt fürs Wohnen, wo nebst der Rückkehr zur Sippe beispielsweise auch Lebensgemeinschaften pro Lebensabschnitt denkbar sind. Wer lieber alleine wohnt, dem ermöglicht das Smart Home dereinst das autarke Leben bis ins hohe Alter.

Selbst wann und wie wir sterben wollen, wird in Zukunft planbarer. Wird der Tod vom Schicksalsschlag zum bewusst gewählten Entscheid – oder geht die Reise im Gegenteil in Richtung unbegrenzte Lebensverlängerung, wie sie sich Google mit dem Projekt Calico – ein eigenes Biotechnologieunternehmen zur Bekämpfung des Alterungsprozesses – auf die Fahne geschrieben hat? Gut möglich, dass wir die Unsterblichkeit in die digitale Sphäre verlegen und uns in der physischen Welt der ganzheitlichen Palliativmedizin zuwenden.

Bis es so weit kommt, wird allerdings noch etwas Zeit verstreichen. Die lange Lebenserwartung schlägt sich bis heute nicht merklich im dominanten Lebensmodell nieder. So folgen wir noch immer dem vorgespurten Pfad unserer Grosseltern: Bildung – Karriere – Kinder – Pension – Tod. Auch der letzte Lebensabschnitt bleibt wenig aktiv. Dies, obschon er deutlich länger ist als in den Generationen vor uns und obschon wir alle länger gesund bleiben. Gleichzeitig stauen sich in den mittleren Lebensjahren immer mehr Tätigkeiten: Mit den veränderten Rollenverhältnissen, der Digitalisierung von Arbeit und Privatleben sowie dem steigenden Anspruch auf Selbstverwirklichung machen wir mehr und mehr Dinge gleichzeitig. Die Folgen sind Überlastung bis hin zu Burn-outs und Depressionen.

Zeit also, umzudenken. Weg vom linearen Lebensmodell unserer Vorfahren und weg von der heutigen Parallelität hin zu einem Modell der Flexibilität. Doch wie gelangen wir dorthin? Der Bruch mit der Tradition braucht Mut. Aber vor allem auch Imagination. WIE WIR MORGEN LEBEN macht sich auf die Suche nach alternativen Lebensmodellen. Basierend auf den neuen Möglichkeiten, die sich durch das lange Leben, den Wertewandel und den technologischen Fortschritt ergeben, sowie auf der Analyse der wichtigsten gesellschaftlichen Makrotrends werden den wichtigsten biografieprägenden Tätigkeiten – vom Gründen einer Familie über das Arbeiten und Wohnen bis hin zum Abschiednehmen – realistische, aber auch radikale und neue Szenarien zugeordnet.

Konkret: Es ist denkbar, dass ein Mann im späten 21. Jahrhundert vier verschiedene Berufe erlernt und ausübt, sich dazwischen aber lange Auszeiten nimmt. Kinder wird er erst im Ruhestand haben, aber nicht mit seiner Ehefrau, sondern mit einer anderen Partnerin – und ohne die Paarbeziehung zu belasten. Ebenso vorstellbar ist der Lebensweg einer Frau, die in einer Beziehung mit einer künstlichen Intelligenz ist und sich ganz der Autarkie verschrieben hat: Dank digitaler Produktionsmittel und einer Wiederentdeckung der Selbstversorgung verschmelzen Arbeits- und Privatsphäre in diesem Leben des Selbstunternehmertums. Oder aber wir denken uns Jugendliche aus, die sich aufgrund der zunehmenden Komplexität in frühestem Alter bereits stark spezialisieren. Im Verlauf des Lebens werden sie sich nicht neue Kompetenzen aneignen, sondern sich zu Hyperexperten entwickeln. Sie verzichten bewusst auf Kinder und planen den eigenen Tod minutiös voraus.

Doch das lange Leben wird uns nicht nur Freiheiten schaffen. Es stellt Individuen, Wirtschaft und Gesellschaft vor neue Herausforderungen. Diese meistern wir nur, wenn wir die Diskussion des Themas breiter führen und uns dabei des gesamten Spektrums des langen Lebens annehmen. Auf individueller Ebene wird die grosse Aufgabe sein, sich aus all den Wahlmöglichkeiten ein zufriedenstellendes Leben zusammenzusetzen – ohne das Gefühl, gleichzeitig auch noch zwei andere Leben führen zu müssen. Nie zuvor lag so viel Eigenverantwortung beim Einzelnen. Und wenn Menschen ihr Leben völlig neu gestalten, werden Unternehmen nicht nur die Human Relations neu definieren müssen, sondern die gesamte Firmenkultur. Auf gesellschaftlicher und politischer Ebene werden gleichzeitig Flexibilisierungen und Regulierungen vonnöten sein, welche die neuen Chancen und Risiken mit Rahmenbedingungen ergänzen, die ein glückliches Leben erst ermöglichen.

Um das Beste aus allen neuen Möglichkeiten von morgen zu erreichen, müssen wir deshalb heute einen Dialog starten. Diesen anzustossen, hat sich der Think Tank W.I.R.E. zusammen mit Swiss Life zum Ziel gesetzt. W.I.R.E. beschäftigt sich seit mehreren Jahren mit der Gestaltung von Lebensmodellen der Zukunft. Gemeinsam mit Swiss Life ist die Idee entstanden, mit der vorliegenden Publikation Denkanstösse für das Zeitalter der Langlebigkeit zu liefern. Zehn der 44 realistischen bis radikalen Szenarien in WIE WIR MORGEN LEBEN wurden in einer repräsentativen Umfrage zu deren Wünsch- und Realisierbarkeit gleich einem ersten Reality-Test in der Schweizer Bevölkerung unterzogen. Darauf aufbauend leitet das Buch die zentralen Handlungsfelder für Wirtschaft und Gesellschaft ab und präsentiert erste Massnahmen zur Übersetzung in die Praxis. Der Wirtschaft gibt das Buch Denkanstösse: Wo sind die wichtigsten ökonomischen Handlungsfelder, welche neuen Märkte entstehen, welche Angebote und Produkte sind denkbar? Als Gesellschaft werden wir uns fragen müssen, welche Entwicklungen wir fördern möchten – und zu welchem Preis. Wie viel gesellschaftliche Innovation fordert die stille Revolution – und welche?

Antworten auf diese Fragen sind dringend nötig, wenn wir morgen nicht nur länger, sondern auch besser leben wollen.

Unser herzlicher Dank
für die wertvolle Mitarbeit geht an:

*Senem Wicki, Philipp Siegenthaler, Mauro Guarise,
Prof. em. Dr. Walter Ackermann (Universität St. Gallen),
Jérôme Cosandey (Avenir Suisse)
und Prof. Dr. François Höpflinger (Universität Zürich)*

WIR WERDEN ÄLTER
ZUR STILLEN SOZIALEN REVOLUTION

S. 12

S. 14 — FAKTEN ZUR ALTERUNG DER GESELLSCHAFT
S. 18 — DAS ALTER IM ÖFFENTLICHEN DISKURS
S. 20 — TRIEBKRÄFTE DER VERÄNDERUNG

WIE WIR MORGEN LEBEN
SZENARIEN NACH LEBENSBEREICHEN

S. 34

S. 36 — NEUE LEBENSMODELLE

- EINE FAMILIE GRÜNDEN
- LERNEN
- ARBEITEN
- FREIZEIT GESTALTEN
- GESUND BLEIBEN
- KINDER ERZIEHEN
- BEZIEHUNGEN PFLEGEN
- WOHNEN
- SPAREN UND VORSORGEN
- ABSCHIED NEHMEN

S. 164 — DIE NEUEN LEBENSMODELLE AUS SICHT DER BEVÖLKERUNG

WAS WIR TUN KÖNNEN
HANDLUNGSFELDER FÜR WIRTSCHAFT, GESELLSCHAFT UND INDIVIDUEN

S. 204

S. 206 — MASSNAHMEN UND IDEEN

Sinkende Geburtenraten, steigende Lebenserwartung: Die Gesellschaften rund um den Globus werden immer älter. Gleichzeitig sorgen das längere Leben, der Wertewandel sowie neue Technologien dafür, dass die Menschen ihr Leben individueller gestalten können – nicht nur am Lebensabend, sondern auch davor. Trotzdem konzentriert sich der öffentliche Diskurs auf die letzten Lebensphasen. Um die kommende Altersrevolution zu meistern, muss das Leben in seiner Gesamtheit neu gedacht werden.

WIR WERDEN ÄLTER
ZUR STILLEN SOZIALEN REVOLUTION

FAKTEN ZUR ALTERUNG DER GESELLSCHAFT

Die Prognose ist eindeutig: Die Gesellschaften rund um den Globus werden in den kommenden Jahrzehnten deutlich altern. Sinkende oder tiefe Geburtenraten sind ein wichtiger Grund für diese globale demografische Entwicklung. Sie zeichnet sich besonders klar in den Industrienationen ab. Dort ist die durchschnittliche Zahl der Kinder, die eine gebärfähige Frau auf die Welt bringt, seit Mitte des 20. Jahrhunderts am Sinken. In den 1960er-Jahren lag die Fertilitätsrate für die Schweiz noch bei über 2.5. Seit dem Pillenknick hat sie sich Mitte der 1970er-Jahre bei 1.5 eingependelt. Selbst Industrienationen mit höheren Werten wie die USA (1.88, 2012) verzeichnen sinkende Werte (3.65, 1960).[2]

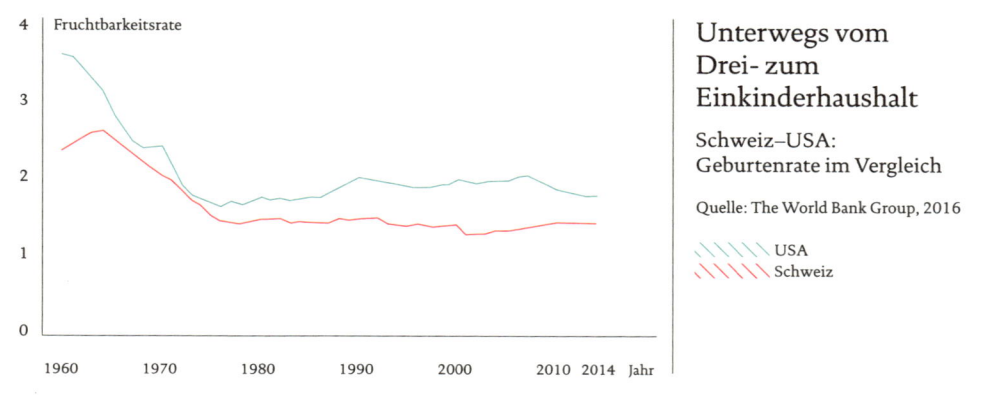

Unterwegs vom Drei- zum Einkinderhaushalt

Schweiz–USA: Geburtenrate im Vergleich

Quelle: The World Bank Group, 2016

USA
Schweiz

Dem Rückgang respektive der Stagnation der Geburten steht eine steigende Lebenserwartung gegenüber. Im vergangenen Jahrhundert hat sich die erwartbare Lebensdauer im Osten wie im Westen nahezu verdoppelt. In China beispielsweise fiel sie nach einem dramatischen Einbruch aufgrund einer Hungersnot 1961 auf 43 Jahre, stieg aber innert nur 50 Jahren wieder auf über 70 Jahre an. Durften Schweizerinnen und Schweizer um 1900 nach überlebtem ersten Lebensjahr – die Säuglingssterblichkeit war damals sehr hoch – hoffen, knapp 50 Jahre lang zu leben, beträgt die durchschnittliche Lebenserwartung heute knapp 80 Jahre.[3]

Die alten Generationen sind in den wirtschaftlich hoch entwickelten Regionen stark vertreten. In den USA gibt es bereits heute mehr Rentner als Arbeitnehmer – Stichwort: Babyboomer-Effekt. In der Schweiz sind die 45-Jährigen die grösste Altersgruppe. In Japan machen die über 65-Jährigen 27 Prozent aus, ein Wert, der bis in die Jahrhundertmitte auf knapp 40 Prozent anwachsen wird.[4]

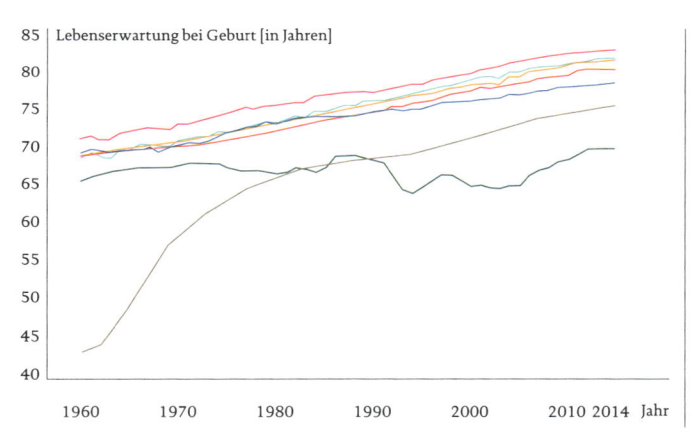

Wir leben 30 Jahre länger als unsere Urgrosseltern

Lebenserwartung im internationalen historischen Vergleich

Quelle: The World Bank Group, 2016

Schweiz
Italien
Frankreich
Deutschland
USA
China
Russland

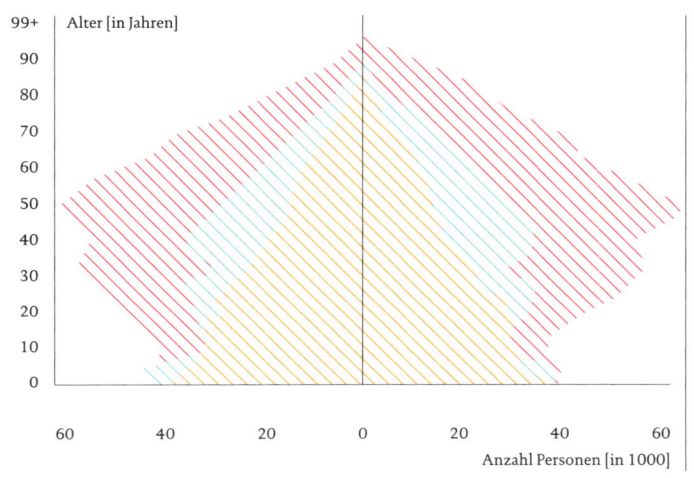

Die Alten werden noch älter – und zahlreicher

Altersstruktur der Schweizer Bevölkerung 1900–2015

Quelle: Bundesamt für Statistik BFS, 2016

31.12.2015
31.12.1950
31.12.1900

Hinzu kommt, dass die Anzahl älterer Menschen im Verhältnis zu den jungen stark zunimmt. In der Schweiz ist dieser Trend besonders gut beobachtbar: 2050 wird über ein Viertel der Gesamtbevölkerung 65 Jahre oder mehr zählen.[5] Die Bevölkerungsgruppe der 65-Jährigen und Älteren erhöht sich von 1,5 Millionen im Jahr 2015 auf 2,7 Millionen im Jahr 2045.[6] Die OECD spricht sogar von um die 30 Prozent.[7]

Während hohe Lebenserwartungen gemeinhin mit einem hohen Einkommensstandard korrelieren, weisen auch Länder mit tiefen oder mittleren Einkommen ein grosses Wachstum der älteren Generationen aus. Laut der WHO werden im Jahr 2050 bereits 80 Prozent der älteren Menschen in solchen Ländern leben. Chile, China und der Iran werden grössere Populationen älterer Menschen haben als beispielsweise die USA.[8]

Die Schweiz, globaler Vorreiter der Alterung

Bevölkerungsanteile der Altersgruppe 65+

Quelle: OECD, 2015

2015
2050

So brisant die erwähnten Prognosen sind, neu sind die Zahlen nicht. Medien und Forschung beschäftigen sich denn auch seit Längerem mit den Konsequenzen der gesellschaftlichen Alterung.

DAS ALTER IM ÖFFENTLICHEN DISKURS

Das Thema Alter ist in Schweizer und internationalen Medien seit Längerem präsent. Allerdings ist die Berichterstattung einseitig. Ein Schwerpunkt sind Geschichten darüber, wie die Generation der Babyboomer das Alter neu definiert. Die geburtenstarke Gruppe der Jahrgänge 1945 bis 1960 erreicht das Pensionsalter. Gesund, selbstbestimmt und technologieaffin wie keine Generation vor ihnen, lassen sich die Babyboomer keine althergebrachten Rollenbilder aufzwingen und suchen stattdessen nach neuen Lebenswegen.[9] Geschichten über rüstige Rentner oder Frauen und Männer, die sich nach der Pensionierung selbst verwirklichen, sind deshalb an der Tagesordnung.

Ebenso häufig wird die Alterung der Gesellschaft im Zusammenhang mit der Vorsorgefinanzierung thematisiert. Wie wir die Rahmenbedingungen anpassen, damit die Pensionskassen wieder gesichert sind, und wie sich der Generationenvertrag aufrechterhalten lässt, diese zentralen Fragen werden die Medien auch weiterhin beschäftigen. Dasselbe gilt für Themen wie Pflegeroboter. Hier vermischen sich technologischer Fortschritt, Science-Fiction, Angst vor der allumfassenden Technisierung und Moralvorstellungen: Den Grossvater von einer Maschine pflegen lassen? Praktisch wäre es vielleicht, aber dürfen wir das? – eine konfliktträchtige, also ideale Mischung für den medialen Diskurs. Gerne zugespitzt und stereotyp berichtet schliesslich der Boulevard. Schlagzeilen wie «Oma-Mutter» und «Rentner-Rockstar» thematisieren die Alterung der Gesellschaft auf banale Weise.

Vor diesem Hintergrund ist es kein Wunder, dass die öffentliche Debatte geprägt ist von einer polaren Emotionalisierung. Einerseits besteht die Furcht vor einer Gesellschaft mit mehr chronischen Krankheiten, einer tieferen Produktivität und Innovationsverlust. Andererseits wird das Bild von wohlhabenden und selbstbestimmten Senioren geprägt – wie die Titel vieler Publikationen zeigen: «A Better Life: Valuing Our Later Years»,[10] «Golden Aging: Prospects for Healthy, Active and Prosperous Aging,[11] «Silver Society».[12]

Vor allem aber bezieht sich die Berichterstattung über die Alterung der Gesellschaft ausschliesslich auf die letzten Lebensphasen. Was die zusätzlich gewonnene Zeit für das Leben als Ganzes bedeutet, wird zu wenig oder gar nicht diskutiert. Ähnliches gilt für die Forschung. Wissenschaftliche Studien zum Thema beziehen sich meist auf die neuen Herausforderungen oder die Verbesserung des Lebens – im hohen Alter.

Eine Folge dieses Diskursfokus: Die Tragweite der Alterung für Individuen, Gesellschaft, Wirtschaft und Politik wird unterschätzt. Länger leben heisst nicht einfach länger alt sein. Länger leben bedeutet eine Revolution der Lebensgestaltung.

TRIEBKRÄFTE DER VERÄNDERUNG

Die steigende Lebenserwartung erhöht die Zeitspanne, innerhalb der wir unser Leben gestalten. Das führt aber nicht nur dazu, dass sich die letzte Lebensphase hinauszögert. Wir können das ganze Leben neu planen. Dabei spielen auch Entwicklungen abseits der Demografie eine wichtige Rolle. Trends in Technologie, Wirtschaft und Gesellschaft eröffnen zusätzlich grundlegend neue Gestaltungsmöglichkeiten für das Zeitalter der Langlebigkeit.

TRIEBKRÄFTE JENSEITS DER DEMOGRAFIE

Fünf Makrotrends begünstigen die Flexibilisierung der Lebensgestaltung

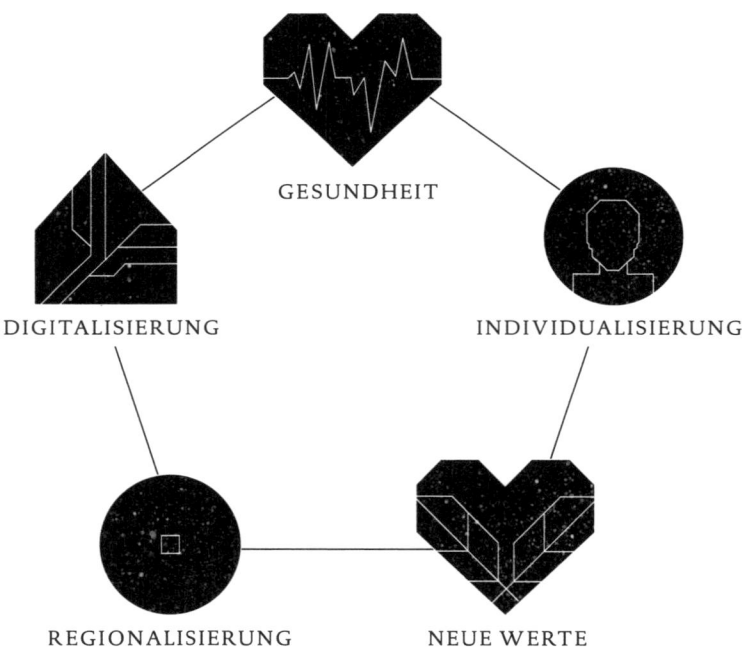

GESUNDHEIT

Gesundheit wird gerade neu definiert. Ein Jahrhundert nach Sigmund Freud entscheidet heute nicht mehr nur das körperliche, sondern auch das seelische Wohl darüber, ob wir uns als gesund oder krank bezeichnen. Mit dieser Verschiebung treten Themen in den Vordergrund, die vor 100 Jahren noch nicht als relevant betrachtet wurden. Der persönliche Lebensstil, von der Ernährung bis zur Freizeitgestaltung, wird zur Entscheidung für oder gegen die Gesundheit. Mit der Folge, dass der Leistungsdruck auf den Einzelnen steigt.

Diese breitere, immer mehr Lebensbereiche umfassende Definition von Gesundheit macht das Thema massenmedientauglich. Zeitungen, Online-Medien und Blogs berichten über neue Errungenschaften der Medizin, die Verbreitung von Fettleibigkeit oder die Chancen und Risiken der plastischen Chirurgie. Gesundheitstrends kommen und gehen.

Die Digitalisierung hat die Menschen einerseits zu besser informierten, mündigeren Patienten gemacht. Der gesundheitliche Informationsfluss ist nicht länger eine Einwegkommunikation vom allwissenden Arzt zum hilflosen Patienten. Letztere wissen heute teilweise besser Bescheid über Krankheiten und Gebrechen sowie die Risiken und Nutzen der verschiedensten Therapieansätze. Entsprechend kombinieren sie die medizinischen Modelle aus der Schul- und Komplementärmedizin zusehends nach individuellem Bedarf.

Die digitale Vermessung unseres Körpers und Verhaltens macht die Medizin zudem personalisierbar. Von der Realtime-Überwachung in der Kardiologie bis hin zu Lifestyle-Apps wird unser Gesundheitsverhalten digitalisiert und analysiert. So sorgen Algorithmen für eine Präzisierung in der Früherkennung und für massgeschneiderte Behandlungen.

Kombiniert man diese Entwicklung mit dem wachsenden Wohlstand und dem weitverbreiteten Wunsch nach Selbstverwirklichung, werden Körper, Schönheit und Gesundheit zu Statussymbolen. Plastische Chirurgie und Lifestyle-Medikamente sind deshalb zunehmend gesellschaftlich akzeptiert und definieren neue Standards für Aussehen, Intelligenz und Leistungsfähigkeit.

Durch den medizinischen Fortschritt wird Gesundheit «mach- und gestaltbar». Die Grenzen zwischen kurativer und Lifestyle-Medizin verfliessen. Neben der Bekämpfung von Krankheit rücken deshalb individuelle Wünsche, beispielsweise bei der Planung von Nachkommen durch das Einfrieren von Eizellen, ins Zentrum der ärztlichen Leistungen. Damit stellen sich auch Fragen der Finanzierung von bislang solidarischen Leistungen der Krankenkassen neu.

Der zunehmende Fokus auf die Gesundheit fördert aber gleichzeitig Ängste und Phobien vor Krankheiten. Hier spielt insbesondere die Verfügbarkeit von immer besserer Diagnostik eine tragende Rolle. Auch der Druck, gesund, leistungsfähig und schön zu sein wächst und führt zu Gesundheitsstress. Da unser Wohlbefinden von der persönlichen Lebensgestaltung abhängt, gerät auch die Solidarität zwischen Gesunden und Kranken ins Wanken.

FOLGEN FÜR DIE LEBENSGESTALTUNG

→ Losgelöst von den natürlichen Limitationen des biologischen Alterns eröffnen der medizinische Fortschritt und ein gesunder Lebensstil den Ausblick auf ein langes, flexibles und unabhängiges Leben. Voraussetzungen dafür sind persönliche Vorkehrungen, von der kontinuierlichen Überwachung der eigenen Gesundheit zur Früherkennung von Krankheiten bis hin zum Abschluss einer Pflegeversicherung.

→ Mit der Tendenz zur «Machbarkeit» von Gesundheit wächst auch die Angleichung an die offiziellen gesellschaftlichen Normen, der Leistungsdruck nimmt zu. Als Folge gewinnen alternative Lebensmodelle an Attraktivität, die an Genuss und individuellen Werten ausgerichtet sind.

→ Nicht nur Gesundheit wird gestaltbar, auch das Ableben ist nicht mehr eine Folge von Zufall und Schicksal. Es wächst der Wunsch, die letzte Lebensphase und den Tod selbstbestimmt zu erfahren.

INDIVIDUALISIERUNG

Das Individuum steht im Zentrum der westlichen Wohlstandsgesellschaft. Sinkende Haushaltsgrössen kennzeichnen den Übergang vom Massenzeitalter zur Individualisierung. Weniger Eheschliessungen, mehr Scheidungen und die höhere Lebenserwartung führen zu einer starken Zunahme der Einzelhaushalte. Immer mehr Menschen wohnen alleine – in Deutschland ist es bereits fast die Hälfte der Bevölkerung. Darüber hinaus haben traditionelle gesellschaftliche Zugehörigkeitskriterien wie Schicht, Geschlechterrolle sowie Alters- und Berufsgruppe an Bedeutung verloren. Das Leben richtet sich immer stärker an persönlichen Werten und Zielsetzungen aus. Mit dem wachsenden Wohlstand wird Selbstverwirklichung zum zentralen gesellschaftlichen Motiv und prägt Konsumgütermärkte, Lebensstil und Gesundheitsverhalten.

Der technologische Fortschritt führt zu einer weiteren Ebene der Individualisierung: Medizin, Konsumgüter und Ernährung bedienen immer mehr die persönlichen Bedürfnisse der Einzelnen. Unternehmen suchen nach Wegen, individuelle Kundenbedürfnisse zu befriedigen. Folgen sind eine Differenzierung des Angebots und die Entstehung neuer Nischenmärkte. Die enorme Auswahl an Produkten wird aber schon jetzt von vielen als Überforderung erlebt. Damit wächst auch der Bedarf an individueller Beratung.

Nicht zuletzt bringt die Individualisierung neue Formen der Selbstinszenierung hervor. In sozialen Netzwerken kreieren Menschen virtuelle Identitäten und Beziehungen, die den sinkenden «realen» zwischenmenschlichen Austausch kompensieren sollen.

Eine grosse Herausforderung für stark individualisierte Gesellschaften ist die abnehmende Solidarität gegenüber Andersdenkenden. Durch den Fokus auf sich selber sinkt die Bereitschaft, die Bedürfnisse anderer anzuerkennen. Digitale Interessengemeinschaften und Filter, die dafür sorgen, dass wir im Internet nur Gleichgesinnte treffen, begünstigen diese Entwicklung. Die gesellschaftliche Polarisierung ist nicht nur zwischen Alt und Jung, Gesunden und Kranken, Arm und Reich zu beobachten, sondern auch zwischen Menschen unterschiedlicher Werthaltungen und Überzeugungen. Die Stärkung der Masse im Zeitalter des Individuums wird zur nächsten Herausforderung für Gesellschaft und Politik.

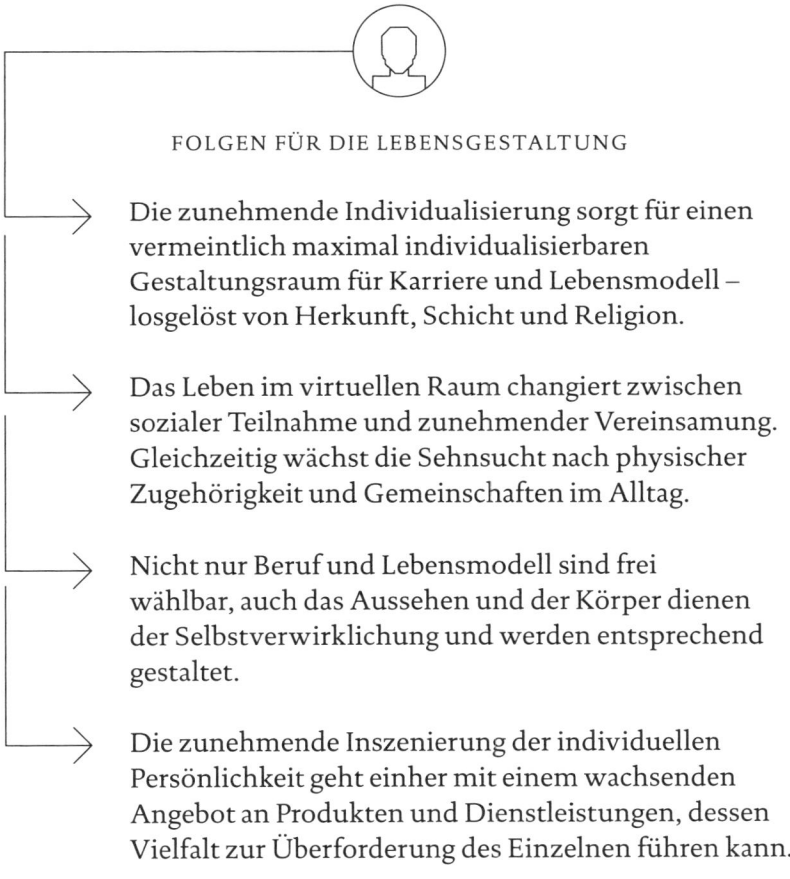

FOLGEN FÜR DIE LEBENSGESTALTUNG

→ Die zunehmende Individualisierung sorgt für einen vermeintlich maximal individualisierbaren Gestaltungsraum für Karriere und Lebensmodell – losgelöst von Herkunft, Schicht und Religion.

→ Das Leben im virtuellen Raum changiert zwischen sozialer Teilnahme und zunehmender Vereinsamung. Gleichzeitig wächst die Sehnsucht nach physischer Zugehörigkeit und Gemeinschaften im Alltag.

→ Nicht nur Beruf und Lebensmodell sind frei wählbar, auch das Aussehen und der Körper dienen der Selbstverwirklichung und werden entsprechend gestaltet.

→ Die zunehmende Inszenierung der individuellen Persönlichkeit geht einher mit einem wachsenden Angebot an Produkten und Dienstleistungen, dessen Vielfalt zur Überforderung des Einzelnen führen kann.

NEUE WERTE

In der Multioptionsgesellschaft haben traditionelle Institutionen und Werte gleichzeitig an Bedeutung verloren. Als Reaktion auf die Individualisierung und Ökonomisierung der Gegenwart findet eine Rückbesinnung auf das Gemeinwohl statt. Verantwortung, Nachhaltigkeit und Transparenz erfahren neuen Auftrieb in Gesellschaft, Politik und Wirtschaft. Gleichzeitig gewinnen konservatives und nationales Gedankengut an Bedeutung als Antwort auf die Homogenisierung der Kulturen infolge der Globalisierung. Damit erleben auch traditionelle Bräuche neuen Aufschwung.

Das gesellschaftliche Bedürfnis nach den neuen alten Werten äussert sich unter anderem in einer Rückbesinnung auf Religion und Spiritualität. Neue religiöse Bewegungen, aber auch eine weltweite Radikalisierung werden zu neuen Herausforderungen für Gesellschaft und Politik.

Mit der neuen Verantwortlichkeit des Einzelnen werden auch allgemeinverbindliche soziale Regeln wieder wichtiger. Das Prinzip der Zero Tolerance wirkt als Gegenkraft zur liberalen Praxis von Regelüberschreitungen der letzten Jahre.

FOLGEN FÜR DIE LEBENSGESTALTUNG

→ Die Lebensgestaltung wird eine Sache der Überzeugung, nicht der ökonomischen Notwendigkeit.

→ Das Bedürfnis nach ökonomischer und sozialpolitischer Absicherung wächst vor dem Hintergrund der zunehmenden Komplexität und Verunsicherung.

→ Mehr Menschen orientieren sich an Lebensmodellen fernab vom Karrieredenken. Zeit und Erholung werden zum wahren Luxus.

→ Die Anpassungsfähigkeit der Menschen wächst mit der Entschlackung und Abwendung von Besitz, der zunehmend als Ballast anstatt als Status interpretiert wird.

DIGITALISIERUNG

Die Digitalisierung verändert alle privaten und beruflichen Lebensbereiche. Dank der immer effizienteren Datenverarbeitung und der Automatisierung von Prozessen wird das Internet noch schneller erfahrbar. Die Virtualisierung und intelligente Infrastrukturen schaffen schliesslich neue, ungekannte Zugänge zu Dingen, Menschen – zur Welt.

Erweiterte-Realitäts-Anwendungen reichern unsere gewohnte Lebenswelt an. Einkauf und Partnersuche erfolgen vermehrt virtuell. Smarte Häuser treffen autonome Entscheidungen über die Pflanzenpflege oder den Essenseinkauf; Lebensmittelverpackungen messen den Frischezustand ihres Inhalts und informieren über mögliche Allergierisiken; Autos prüfen den emotionalen Zustand ihres Fahrers und passen Musik oder Beleuchtung entsprechend an.

Eine der grössten Herausforderungen stellt die Bewältigung der immerzu ansteigenden Datenflut dar. Big Data hat sich vom Potenzial zur Herkulesaufgabe gewandelt: Das Sammeln von Daten ist einfach, die grosse Herausforderung wird es aber sein, diese sinnvoll auszuwerten. Semantische Technologien könnten hier behilflich sein und die inhaltliche Bedeutung von Webinhalten interpretieren. Sie tragen ferner dazu bei, die verschiedenen Teilsysteme des Internets miteinander zu verbinden. Statt einer wilden Datenflut können sie hilfreiche Entscheidungsgrundlagen generieren.

Gleichzeitig übernehmen intelligente Algorithmen immer mehr Aufgaben von Menschen. Bis vor Kurzem ist man davon ausgegangen, dass es vor allem die simplen und repetitiven Arbeiten seien, die bald von Robotern übernommen würden. Studien[13] legen nun nahe, dass auch in der Schweiz knapp die Hälfte aller Arbeitsplätze im Prinzip automatisierbar sein sollen. Nachdem in den vergangenen Jahren vor allem Routinetätigkeiten ersetzt worden sind, steht nun vermehrt der Dienstleistungssektor im Fokus.

Ergänzt und befeuert wird die Digitalisierung durch Anwendungen, die die Personalisierung von Produkten ermöglichen. Der 3-D-Drucker hilft bei der Individualisierung in der Herstellung von Produkten und überwindet räumliche Distanzen, indem er ermöglicht, lokal und bedarfsgerecht zu produzieren. Der damit verbundene Do-it-yourself-Charakter erhöht die emotionale Bindung, gleichzeitig werden Konsumenten zu Produzenten – losgelöst von den Angeboten traditioneller Hersteller.

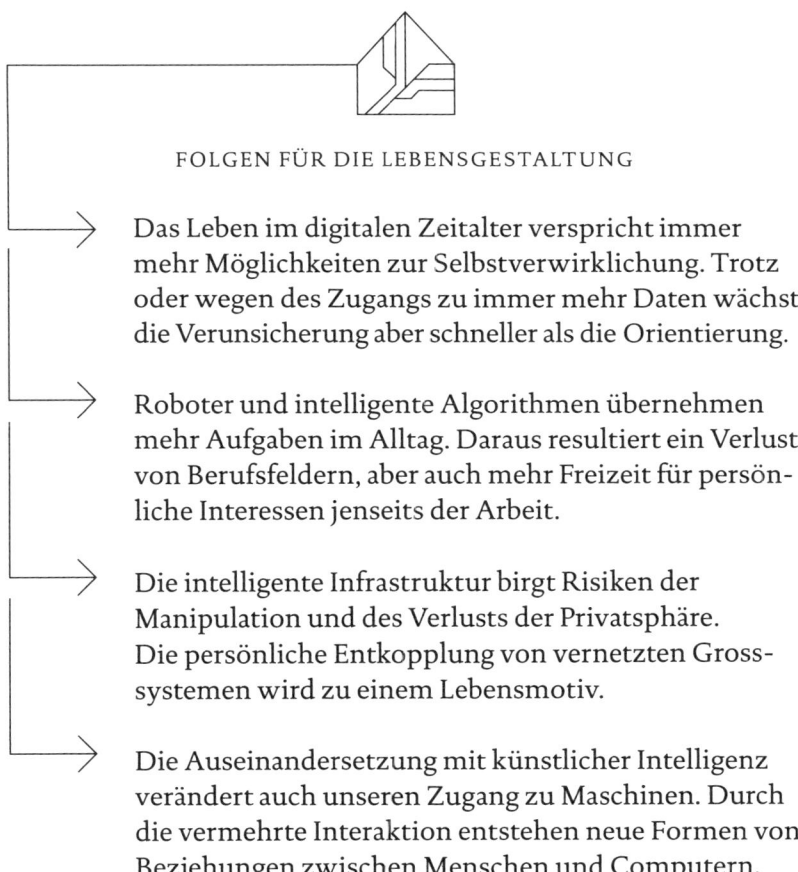

FOLGEN FÜR DIE LEBENSGESTALTUNG

→ Das Leben im digitalen Zeitalter verspricht immer mehr Möglichkeiten zur Selbstverwirklichung. Trotz oder wegen des Zugangs zu immer mehr Daten wächst die Verunsicherung aber schneller als die Orientierung.

→ Roboter und intelligente Algorithmen übernehmen mehr Aufgaben im Alltag. Daraus resultiert ein Verlust von Berufsfeldern, aber auch mehr Freizeit für persönliche Interessen jenseits der Arbeit.

→ Die intelligente Infrastruktur birgt Risiken der Manipulation und des Verlusts der Privatsphäre. Die persönliche Entkopplung von vernetzten Grosssystemen wird zu einem Lebensmotiv.

→ Die Auseinandersetzung mit künstlicher Intelligenz verändert auch unseren Zugang zu Maschinen. Durch die vermehrte Interaktion entstehen neue Formen von Beziehungen zwischen Menschen und Computern.

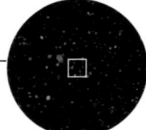

REGIONALISIERUNG

Globalisierung und Digitalisierung haben die Welt komplexer und unübersichtlicher gemacht. Die Angst vor Abhängigkeiten ist präsenter denn je, und der Widerstand gegen eine Angleichung nationaler Identitäten nimmt zu. Vor diesem Hintergrund gewinnen regionale Werte und Strukturen wieder an Bedeutung. Der Wunsch nach gesellschaftlicher Autarkie wird stärker.

Mit ihren immer engeren internationalen wirtschaftlichen Verflechtungen hat die Globalisierung auch Auswirkungen auf den Lebensalltag der Menschen. Als Konsumenten profitieren die meisten Menschen in den Industrienationen davon: Die Auswahl an Konsumprodukten hat massiv zugenommen, während die Preise durch die ausgelagerte Produktion tief gehalten werden können.

Gleichzeitig fällt das Fazit für breite Teile der Bevölkerung wenig positiv aus. Die Verschmelzung von nationalen Kulturen, der internationale wirtschaftliche Wettbewerb und die Belastung der Umwelt werden als negative Folgen der Globalisierung interpretiert. Sie rufen eine Rückbesinnung auf regionale Werte und Strukturen hervor.

Auf der Konsumebene widerspiegelt sich das in der seit Jahren wachsenden Beliebtheit von regionalen Produkten und Dienstleistungen. Von der Konsumgüterindustrie über den Tourismus bis hin zur Musik- und Filmindustrie steigt die Nachfrage nach Angeboten «von hier». Entsprechend hat in der Lebensmittelindustrie die Zahl der ursprungsgeschützten und biologisch angebauten Lebensmittel massiv zugenommen.

Auch auf politischer Ebene zeichnet sich diese Re-Regionalisierung und -Nationalisierung ab. Parteien mit einem Fokus auf nationale und regionale Interessen gewinnen an Macht, Regierungen schützen sich mit härteren Einbürgerungsverfahren und neuen Handelszöllen gegen externe Einflüsse. Darauf reagieren immer mehr Unternehmen von Konsumgüteranbietern bis hin zu Finanzdienstleistern mit dem Versuch, über geografische Nähe Vertrauen zu schaffen.

Nur im digitalen Alltag ist der Trend nicht angekommen. Alle Geräte, die unser Leben erleichtern und bequemer machen – von Navigationssystemen über digitale Landkarten bis hin zu Kommunikationstechnologien und Suchmaschinen –, funktionieren auf einer Basis, die nationale Grenzen immer schon verwischt hat. Gleichzeitig ermöglicht uns das Internet aber auch die Suche nach lokalen Produkten oder Bio-Bauernhöfen. Die Wendung «Die Welt wird zum Dorf» gewinnt dadurch eine doppelte Bedeutung: Sie kennzeichnet die Gleichzeitigkeit der Globalisierung und der Rückbesinnung auf gegensätzliche Werte des Regionalen und Ruralen.

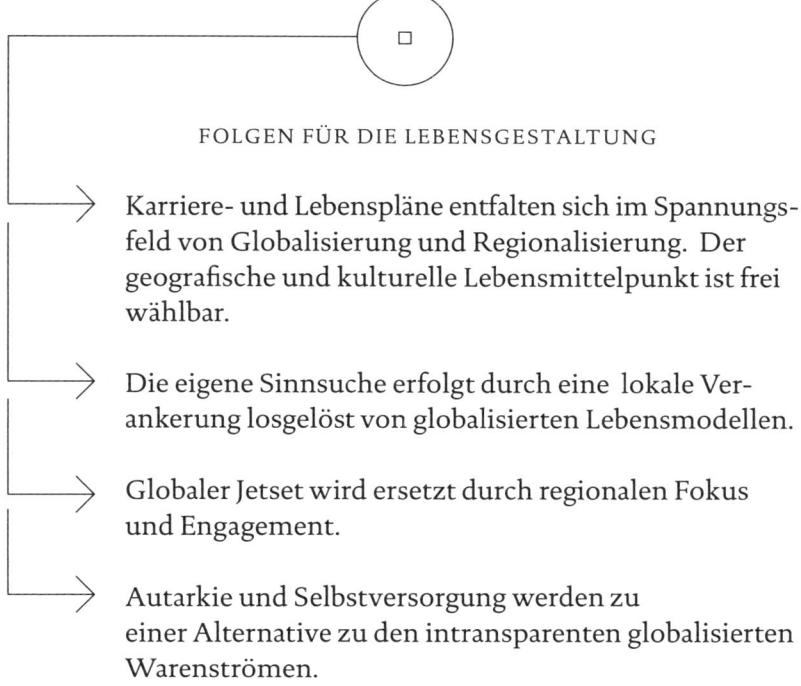

FOLGEN FÜR DIE LEBENSGESTALTUNG

→ Karriere- und Lebenspläne entfalten sich im Spannungsfeld von Globalisierung und Regionalisierung. Der geografische und kulturelle Lebensmittelpunkt ist frei wählbar.

→ Die eigene Sinnsuche erfolgt durch eine lokale Verankerung losgelöst von globalisierten Lebensmodellen.

→ Globaler Jetset wird ersetzt durch regionalen Fokus und Engagement.

→ Autarkie und Selbstversorgung werden zu einer Alternative zu den intransparenten globalisierten Warenströmen.

LITERATUR

1
OECD (2014). Schweiz: Bessere Arbeit im Alter.
Verfügbar unter: www.oecd.org/berlin/publikationen/bessere-arbeit-im-alter-schweiz.pdf

2
Google Public Data (2016).
Verfügbar unter: (https://www.google.ch/publicdata)

3
W.I.R.E. (2015). Hacking Healthcare: Das Gesundheitssystem verstehen und weiterdenken.

4
Handelszeitung (2016). Die Schweiz ergraut besonders stark. 24.5.16.
Verfügbar unter: (http://www.handelszeitung.ch/konjunktur/die-schweiz-ergraut-besonders-stark-1092757)

5
Handelszeitung (2016). Die Schweiz ergraut besonders stark. 24.5.16.
Verfügbar unter: (http://www.handelszeitung.ch/konjunktur/die-schweiz-ergraut-besonders-stark-1092757)

6
BFS (2015). Szenarien zur Bevölkerungsentwicklung der Schweiz 2015–2045.
Verfügbar unter: (http://www.bfs.admin.ch/bfs/portal/de/index/news/publikationen.html?publicationID=6646)

7
OECD (2014). Schweiz: Bessere Arbeit im Alter.
Verfügbar unter: (https://www.oecd.org/berlin/publikationen/bessere-arbeit-im-alter-schweiz.pdf)

8
WHO (2012). Global Brief for World Health Day 2012.
Verfügbar unter: (http://www.who.int/world-health-day/2012/en/)

9
Gottlieb Duttweiler Institute (2015). Digital Ageing.
Verfügbar unter: (http://gdi.ch/de/Think-Tank/Studien/Digital-Ageing/681)

10
Joseph Rowntree Foundation (2013). A Better Life: Valuing Our Later Years.
Verfügbar unter: (https://www.jrf.org.uk/report/better-life-valuing-our-later-years#jl_downloads_0)

11
World Bank Group (2015). Golden Aging: Prospects for Healthy, Active and Prosperous Aging in Europe and Central Asia.
Verfügbar unter: (http://www.worldbank.org/en/region/eca/publication/golden-aging)

12
Zukunftsinstitut (2015). Megatrend Dokumentation.
Verfügbar unter: (https://onlineshop.zukunftsinstitut.de/shop/megatrend-dokumentation-2/)

13
Frey, C. (2013): The Future of Employment: How susceptible are jobs to computerisation?
Verfügbar unter: (http://www.oxfordmartin.ox.ac.uk/publications/view/1314)

Kinder mit 60 bekommen, Selbstversorger werden oder sich frühzeitig vom Leben verabschieden – die Bandbreite neuer Möglichkeiten der Lebensgestaltung ist gross. Wie und ob diese in Zukunft genutzt werden, muss jeder selbst entscheiden. Umso wichtiger ist es aber, die verschiedenen Freiräume als Entscheidungsgrundlage aufzuzeigen – von realistisch bis radikal.

WIE WIR MORGEN LEBEN

SZENARIEN NACH LEBENSBEREICHEN

NEUE LEBENSMODELLE

Im traditionellen Lebensmodell, das die Menschheit seit Generationen geprägt hat, sind an jede Lebensphase spezifische Tätigkeiten gekoppelt: In der Jugend wird eine Ausbildung absolviert, später bekommt man Kinder oder arbeitet. Am Lebensende folgen die Ruhephase und das Warten auf den Tod.

FRÜHER

TRADITIONELLES MODELL

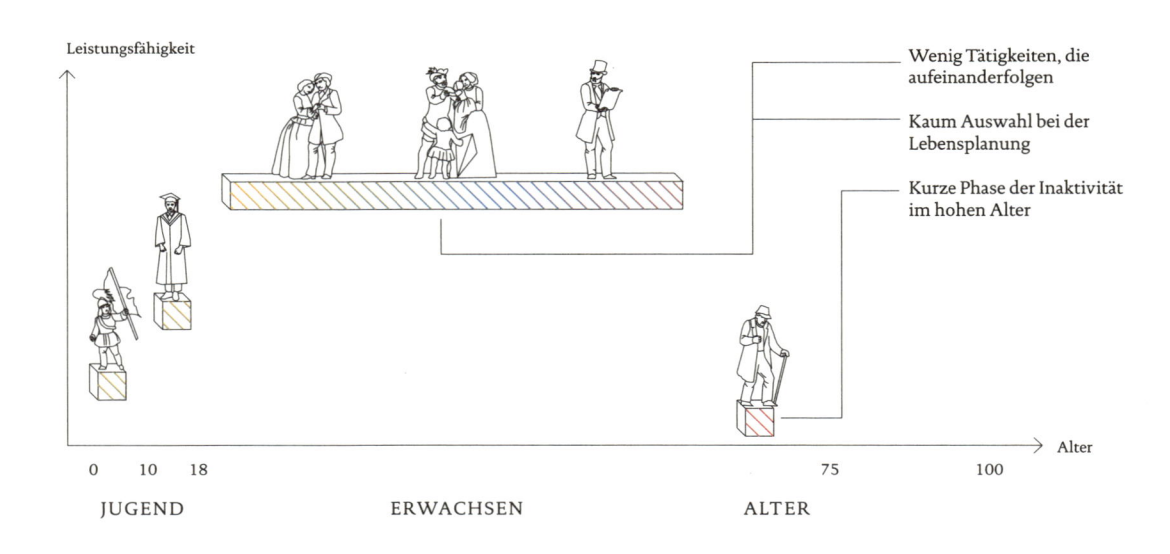

Leistungsfähigkeit

Wenig Tätigkeiten, die aufeinanderfolgen

Kaum Auswahl bei der Lebensplanung

Kurze Phase der Inaktivität im hohen Alter

Alter

0   10   18   75   100

JUGEND   ERWACHSEN   ALTER

Diese feste Zuordnung von Lebensphasen und Haupttätigkeiten verliert im 21. Jahrhundert zusehends an Bedeutung. Als Folge der veränderten Rollenaufteilung, der Digitalisierung von Arbeit und Privatleben sowie des steigenden Anspruchs auf Selbstverwirklichung werden immer mehr Tätigkeiten parallel verübt: eine Familie gründen, Karriere machen, dem Hobby nachgehen und so weiter. Die Linearität des traditionellen Lebensmodells ist in der Konsequenz einer zunehmenden Parallelität gewichen.

HEUTE

MODELL DER GLEICHZEITIGKEIT

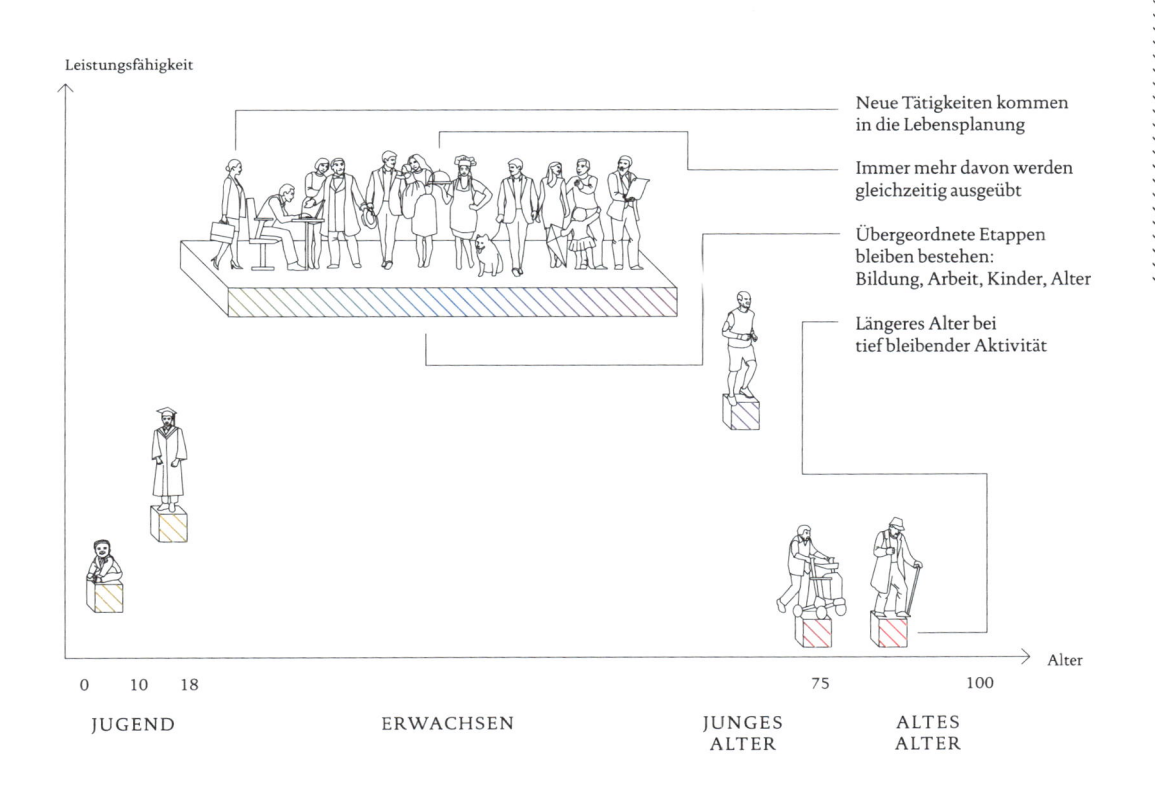

Leistungsfähigkeit

Neue Tätigkeiten kommen in die Lebensplanung

Immer mehr davon werden gleichzeitig ausgeübt

Übergeordnete Etappen bleiben bestehen: Bildung, Arbeit, Kinder, Alter

Längeres Alter bei tief bleibender Aktivität

Alter

0 10 18   75   100
JUGEND   ERWACHSEN   JUNGES   ALTES
                                             ALTER   ALTER

Die heutige Gleichzeitigkeit von verschiedenen, ehemals aufeinanderfolgenden Tätigkeiten bedeutet auf der einen Seite ein erfülltes Leben. Auf der anderen Seite führt sie aber zu einem zunehmenden Stress für die Betroffenen. Die untenstehende Studie aus der Schweiz bestätigt dies: Der generell hohen Zufriedenheit der Schweizer Bevölkerung steht die relative Unzufriedenheit der Altersgruppe 35 bis 50 gegenüber – das Alter also, in dem die Mehrfachbelastung am höchsten ist. Die Hauptursache für die fehlende Zufriedenheit: zu wenig freie Zeit. Spätfolgen davon sind auf der einen Seite hohe Scheidungsraten in diesem Zeitraum, auf der anderen Seite eine Häufung von Depressions- und Burn-out-Erkrankungen.

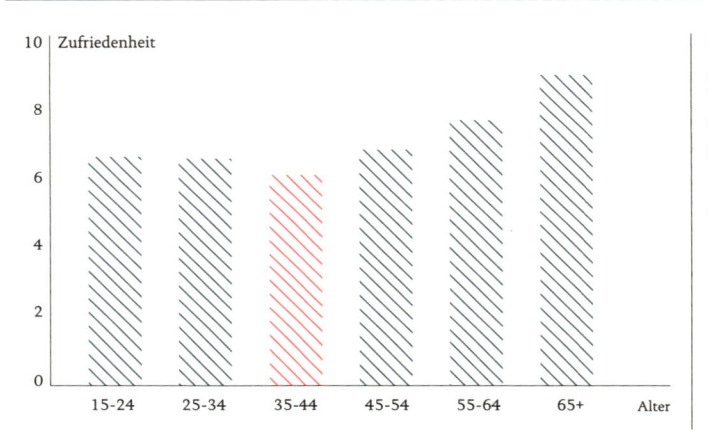

Keine Freizeit im mittleren Alter

Zufriedenheit der Schweizer mit ihrer Freizeit nach Altersgruppen

Quelle:
FORS Sozialbericht 2016

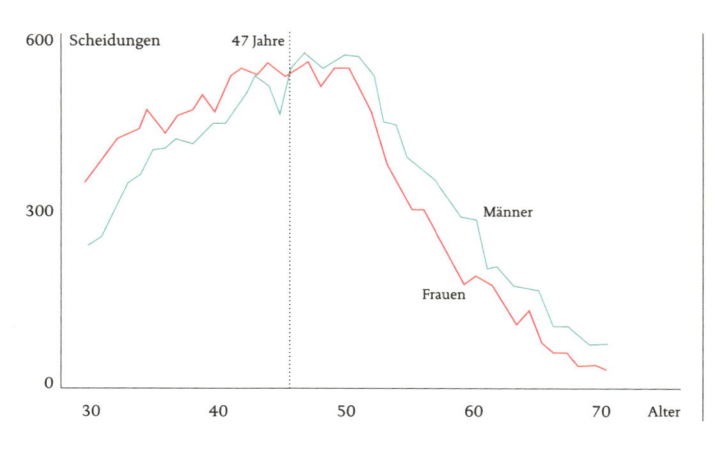

Hohe Scheidungsrate mitte 40

Durchschnittliche Anzahl Scheidungen in der Schweiz nach Alter

Quelle:
FORS Sozialbericht 2016

Im heute dominanten Lebensmodell ist die wachsende Lebenserwartung noch nicht berücksichtigt. Der letzte Lebensabschnitt bleibt verhältnismässig wenig aktiv. Dies obwohl er deutlich länger ist als in den Generationen vor uns und obschon wir alle länger gesund bleiben. Dafür sind die mittleren Lebensjahre mit einer Vielzahl parallel verübter Tätigkeiten ausgefüllt. Diese dürften in Zukunft infolge der immer grösseren Auswahl an Optionen der Selbsterfüllung weiter zunehmen.

MORGEN

MODELL DER HYPERPARALLELITÄT

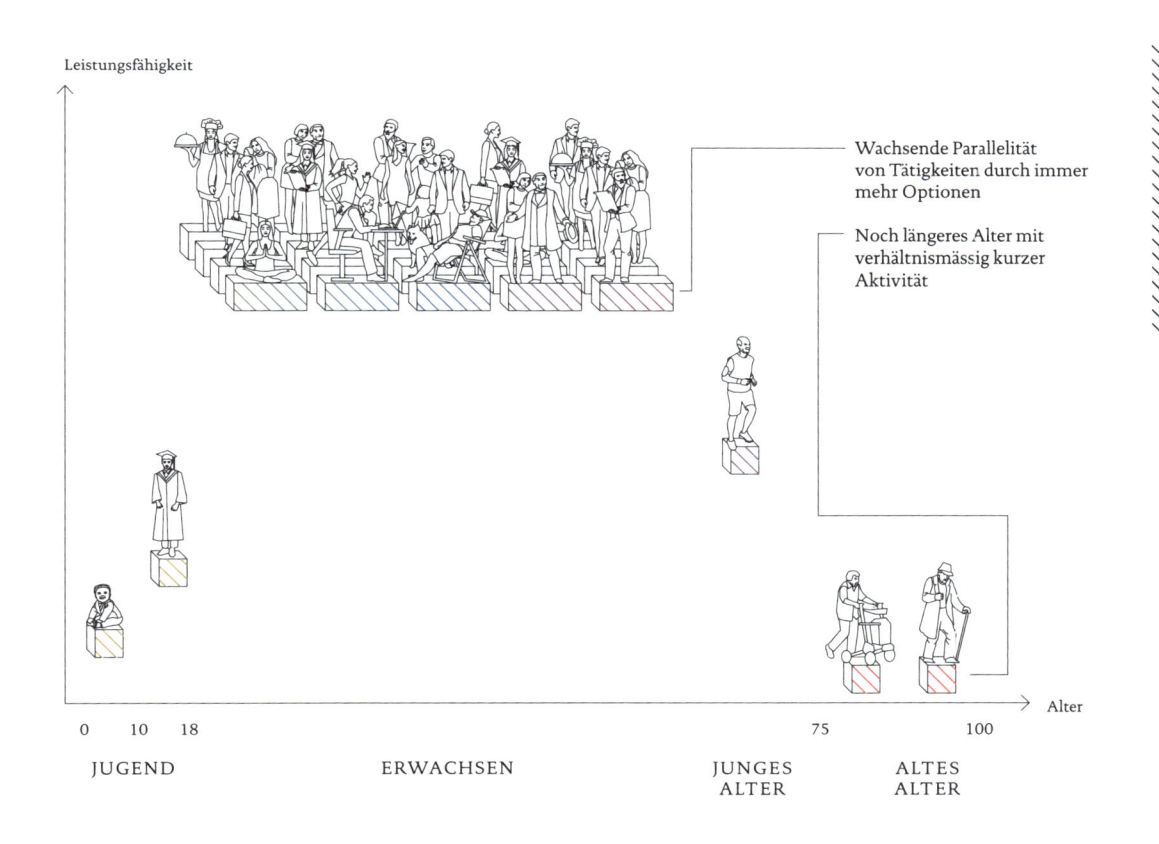

Leistungsfähigkeit

Wachsende Parallelität von Tätigkeiten durch immer mehr Optionen

Noch längeres Alter mit verhältnismässig kurzer Aktivität

Alter

0 10 18   75   100

JUGEND   ERWACHSEN   JUNGES ALTER   ALTES ALTER

Dieses Ungleichgewicht zwischen der Aktivität in den mittleren Lebensjahren und den späten kann aber durch die Berücksichtigung der längeren Lebenserwartung korrigiert werden. In der Folge weicht das Modell der Gleichzeitigkeit allmählich einem Modell der Flexibilität, das sowohl die Parallelität als auch die Staffelung von Tätigkeiten erlaubt. Dadurch, dass uns mehr Lebensjahre zur Verfügung stehen, können wir beispielsweise getrost Karriere und Kinder nacheinander haben, und zwar in beliebiger Reihenfolge. Gleichzeitig wird auch in Zukunft der Anspruch auf ein erfülltes Leben bestehen bleiben, eines, in dem wir unseren verschiedenen Bedürfnissen gleichzeitig nachkommen. Hierbei eröffnet uns die zusätzliche Lebenszeit die Möglichkeit – und die Gelassenheit –, Lebensaufgaben durch Einschübe anderer Tätigkeiten voneinander zu trennen, zu alternieren und Zeiten der Mehrfachbelastung durch Auszeiten zu kompensieren.

WÜNSCHBARES MORGEN

MODELL DER FLEXIBILITÄT

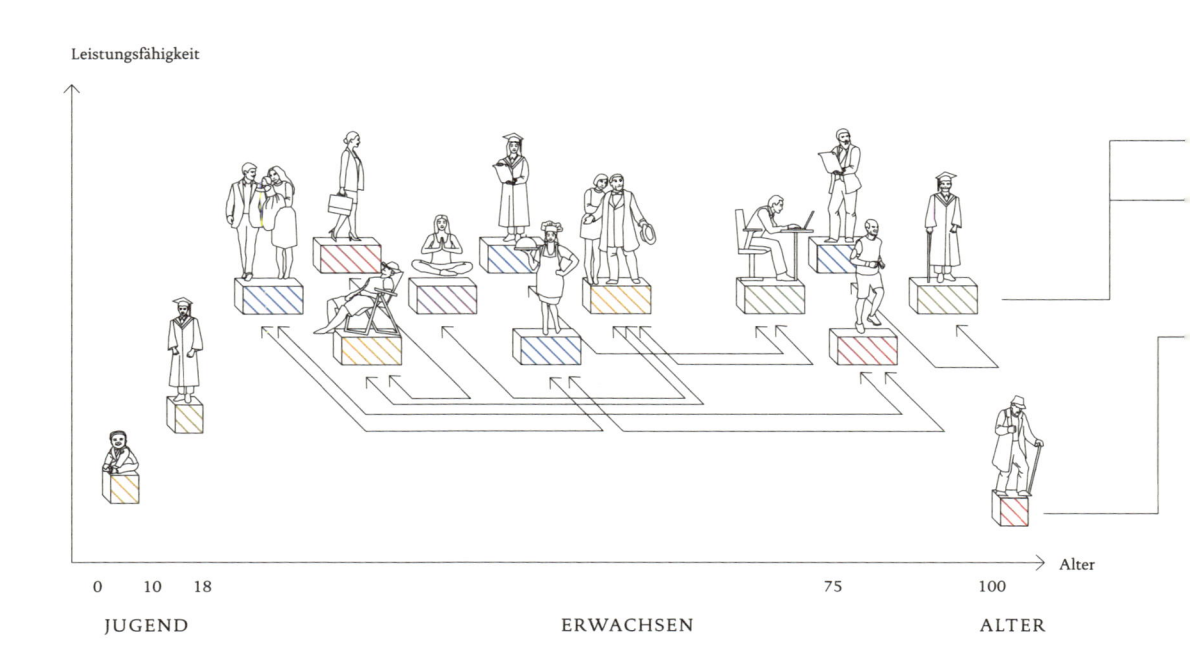

Ein solches Lebensmodell greift auch den steigenden Druck auf die Altersvorsorge auf. Die Anzahl Rentner wird in der Schweiz in den nächsten Jahren nochmals deutlich höher – Stichwort Babyboomer-Effekt – bei konstant sinkendem Wirtschaftswachstum. Eine Flexibilisierung des Rentenalters drängt sich langfristig auf, parallel zu flexibleren Arbeitszeiten, Pensen und Auszeiten, die ein Arbeiten bis ins hohe Alter erst ermöglichen.

Neben den Möglichkeiten, durch mehr Lebenszeit unser gesamtes Leben flexibler zu gestalten, eröffnen sich durch die Fortschritte der Technologie und den Wertewandel in Zukunft auch komplett neue Lebenswege: ob wir uns künstlich fortpflanzen, Kinder mit unseren Kollegen statt Lebenspartnern aufziehen, Zeit statt Geld ansparen oder frühzeitig freiwillig aus dem Leben scheiden. Und dadurch, dass immer mehr Tätigkeiten sowohl im Zeitpunkt wie auch der Art und Weise der Ausübung individualisiert werden, werden auch immer mehr Tätigkeiten zu einer persönlichen Entscheidung – und dadurch biografieprägend.

Tätigkeiten werden auf das lange Leben verteilt

Sowohl Parallelität als auch sequenzielle Aufteilung von Lebensphasen sind möglich – je nach individuellem Wunsch

Kurze Phase der Inaktivität im Alter

Im vorliegenden Buch werden entsprechend folgende Lebenstätigkeiten als biografieprägend definiert: sich bilden, arbeiten, Beziehungen pflegen, eine Familie gründen, Kinder erziehen, wohnen, gesund bleiben, Freizeit gestalten, vorsorgen und sterben: Natürlich ist die Trennung der Lebensbereiche künstlich; in Realität überschneiden sie sich. Arbeit und Fortbildung lassen sich nur theoretisch trennen, genauso wie man die Fortpflanzung nicht gänzlich von den Bereichen «Beziehungen pflegen» und «Kinder erziehen» entkoppelt denken kann. Nichtsdestotrotz sind es in sich selbst abgeschlossene Bereiche, die nach persönlichen Entscheidungen verlangen und ein Leben prägen.

Dennoch: Ein Modell bleibt ein Modell. Damit wir in Zukunft von den neuen Möglichkeiten der Lebensplanung profitieren können, braucht es die Übersetzung in die Praxis. Ein erster Anfang ist es, die Vielfalt an Optionen aufzuzeigen – von realistisch bis radikal. Die nachfolgenden Szenarien tun genau dies: Sie skizzieren verschiedene, mögliche Lebensweisen im Zeitalter der Langlebigkeit. Was davon für jeden von uns und sein Umfeld passt, ist Sache persönlicher Entscheidung. Pro Lebensbereich ist je ein Szenario ausführlicher beschrieben und vom Künstler Wojtek Klimek illustriert. Dies ist eine subjektive Auswahl und beruht nicht auf einer Priorisierung der unterschiedlichen Lebensweisen.

Im Anschluss an die verschiedenen Szenarien zeigt die repräsentative Umfrage einen ersten Reality-Test über deren Realisierbarkeit und Wünschbarkeit aus Sicht der Schweizer Bevölkerung.

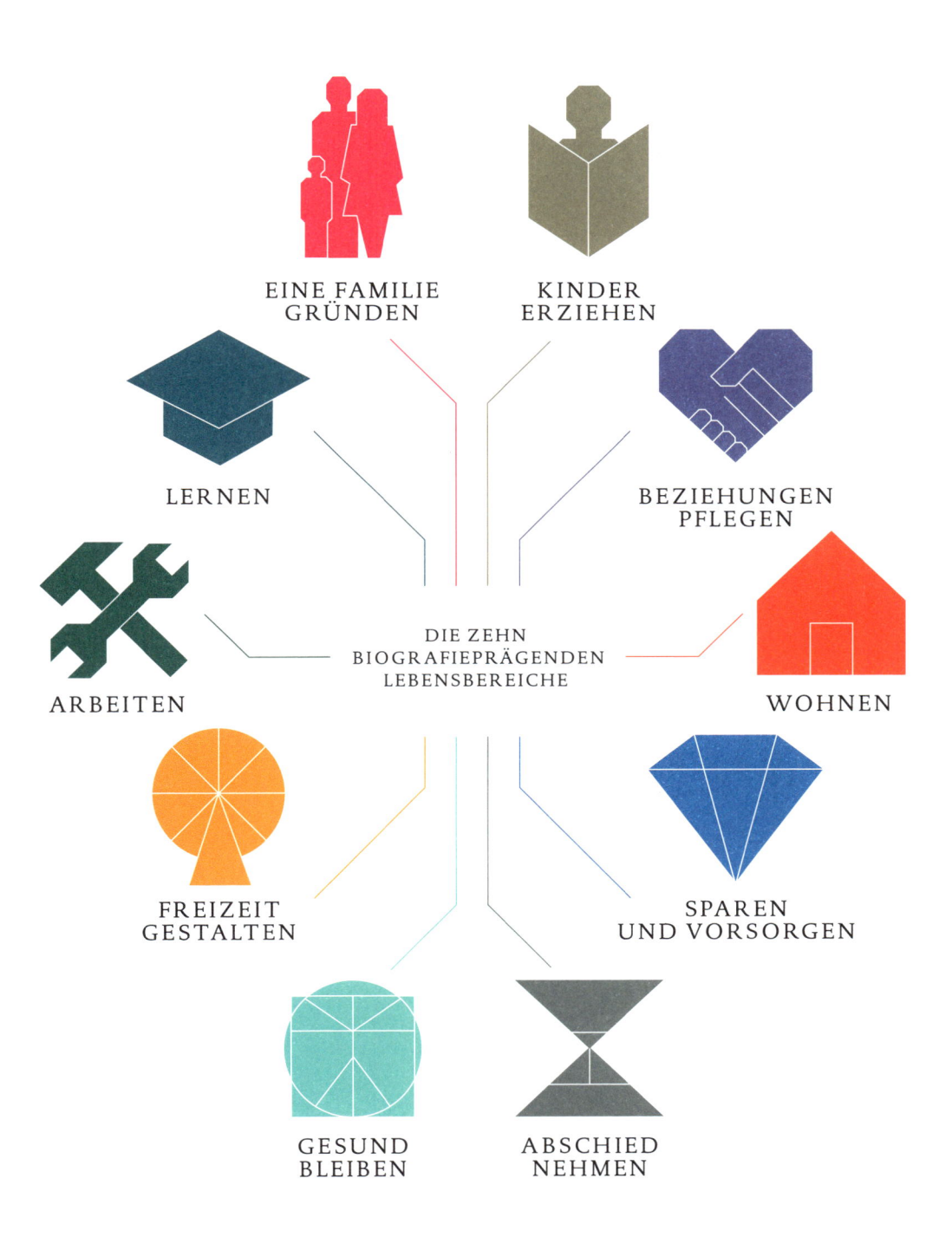

EINE FAMILIE
GRÜNDEN

KINDER
ERZIEHEN

LERNEN

BEZIEHUNGEN
PFLEGEN

ARBEITEN

DIE ZEHN
BIOGRAFIEPRÄGENDEN
LEBENSBEREICHE

WOHNEN

FREIZEIT
GESTALTEN

SPAREN
UND VORSORGEN

GESUND
BLEIBEN

ABSCHIED
NEHMEN

WIE WIR MORGEN LEBEN // EINE FAMILIE GRÜNDEN

WIE WIR MORGEN EINE FAMILIE GRÜNDEN

Die steigende Lebenserwartung ermöglicht eine Flexibilisierung von Nachwuchsplanung und Familienleben. Zum einen können wir uns in der biologisch dafür vorgesehenen Zeit besser auf die Kindererziehung fokussieren, wenn wir all die anderen Bereiche – Karriere, Weiterbildung, Beziehungspflege – nicht zeitgleich erfüllen müssen. Zum anderen wird die von der Biologie vorgegebene Frist durch medizinische Fortschritte verlängert. Dank künstlicher Befruchtung und Social Freezing, der Konservierung unbefruchteter weiblicher Eizellen mit dem Ziel einer späteren Schwangerschaft, ist es Frauen heute möglich, auch nach 40 Jahren und im Extremfall bis ins Grossmutteralter noch ein Kind zu bekommen. Karriere und Kind werden also besser vereinbar – theoretisch. Denn die Diskussion um Social Freezing zeigt auch, dass die Technik den Druck gerade auf Frauen erhöht, dann Karriere zu machen, wenn es unternehmerisch am sinnvollsten ist.

Auch die soziale Werteentwicklung flexibilisiert das Familienleben. Leihmutterschaft, gleichgeschlechtliche Elternpaare und Adoption gewinnen an gesellschaftlicher Akzeptanz. Das Aufbrechen traditioneller Rollenverteilung der Geschlechter – der Mann sorgt für den Broterwerb, die Frau für Haushalt und Kinder – setzt sich weiter fort. Und selbst die Idee einer Trennung von Romantik und Kindererziehung ist nicht mehr undenkbar. Somit dürften sich die Familien-, Gemeinschafts- und Wohnformen weiter diversifizieren. Retrobewegungen sind dabei nicht ausgeschlossen.

Nicht nur die Position der Eltern verändert sich, sondern auch die Rolle der Kinder. Die sinkende Geburtenrate bedeutet in diesem Kontext nämlich auch, dass die effektive Zeit, die Eltern mit einem Kind verbringen, steigt. Entsprechend steigen auch die Erwartungen an die Kleinen: Die Zahl der Eltern nimmt zu, für die ihr Kind ein Statusprojekt ist, das zur Selbstverwirklichung dazugehört wie die Arbeit und Hobbys. Oder aber Mann und Frau verzichten aus Gründen der Nachhaltigkeit oder der Selbstverwirklichung ganz auf Nachkommen. Ganz generell verändert sich die Wahrnehmung von Kindern, gerade durch den medizinischen Fortschritt, von etwas, das man bekommt, zu etwas, das man macht.

WIE WIR MORGEN LEBEN // EINE FAMILIE GRÜNDEN

SZENARIEN FÜR LEBENSMODELLE BEIM GRÜNDEN EINER FAMILIE

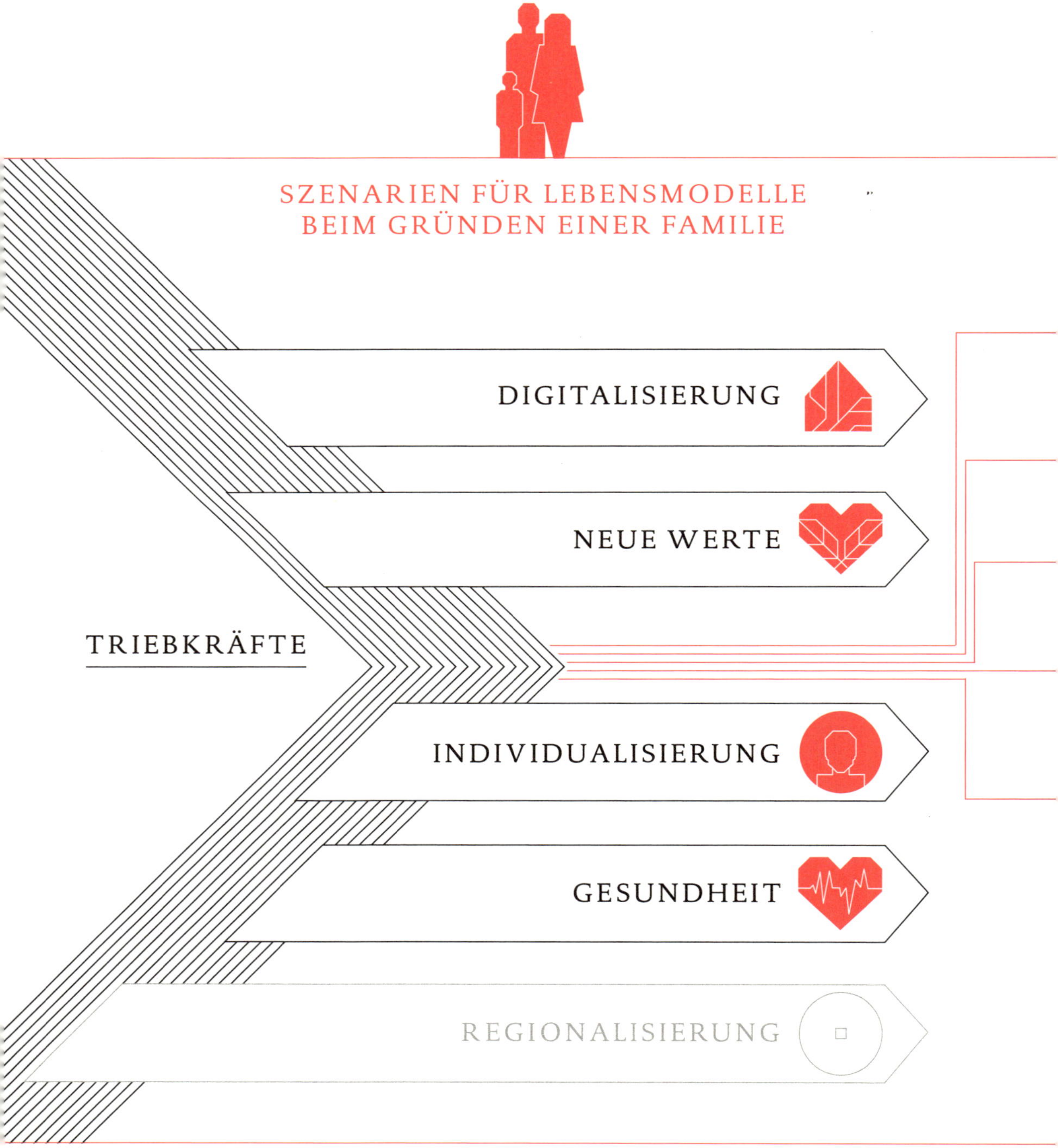

TRIEBKRÄFTE

- DIGITALISIERUNG
- NEUE WERTE
- INDIVIDUALISIERUNG
- GESUNDHEIT
- REGIONALISIERUNG

SZENARIEN

1. ELTERN WERDEN IN DER ZWEITEN LEBENSHÄLFTE
Kinder haben, wenn man Zeit hat

2. SEQUENZIELLE PARTNERSCHAFTEN
Beziehungen nach Lebenssituation

3. KINDER VOR KARRIERE
Kinder haben, wenn man jung ist

4. KEINE NACHKOMMEN
Bewusster Kinderverzicht

5. ALTERNIERENDE ROLLENVERTEILUNG
Gleichberechtigung bei Erziehung und Karriere

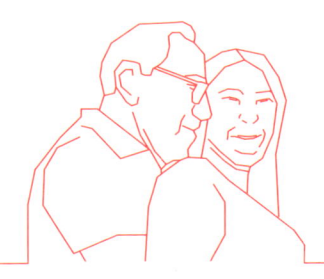

1. ELTERN WERDEN IN DER ZWEITEN LEBENSHÄLFTE
Kinder haben, wenn man Zeit hat

«Erst die Karriere, dann das Kind» wird zur Realität: Während die Biologie den Lebensabschnitt der Fortpflanzung bis heute klar definiert, ermöglichen Fortschritte in der Reproduktionsmedizin wie die künstliche Befruchtung oder das Social Freezing (das Einfrieren von fruchtbaren Eizellen für eine spätere Schwangerschaft) den Kinderwunsch bis ins hohe Alter. Der Druck, Kinder und Karriere zu verbinden, nimmt so massiv ab. Paare können sich nach ihren beruflichen Erfolgen ihren Nachkommen widmen. Altersverzögernde Technologien sorgen dafür, dass die körperliche Fitness während der anstrengenden ersten Jahre der Kinder gegeben bleibt. Bei körperlich intensiver Arbeit unterstützen uns Hilfsroboter.

Für das Paar bedeutet die späte Elternschaft eine deutlich flexiblere Lebensgestaltung: Plötzlich haben mehrere Karrieren und Kinder Platz. Für die Kinder bedeutet sie ein Aufwachsen in einer stabilen Beziehung, die den Test der Zeit bestanden hat, umsorgt von reifen, erfolgreichen und wohlhabenden Eltern. Sie erhalten die Aufmerksamkeit, die für ihre Entwicklung am förderlichsten ist. Die Erwachsenen wiederum müssen nicht fundamentale Bedürfnisse gegeneinander ausspielen.

CHANCEN

Mehr Lebensqualität für den Einzelnen und Entlastung der Paarbeziehung durch das Wegfallen der Gleichzeitigkeit von Karriere und Familie

Weniger Einbussen von weiblichen Arbeitskräften in der Lebenszeit zwischen 30 und 50 sowie eine wachsende Anzahl jüngerer weiblicher Führungskräfte

Kindererziehung durch erfahrene, reife Eltern mit ausreichend Zeit

Stärkung der Solidarität zwischen den Generationen durch die Eltern-Kind-Beziehung

ELTERN WERDEN IN DER ZWEITEN LEBENSHÄLFTE

Anfängliche Intoleranz gegenüber alten Eltern

Risiko eines frühzeitigen Ablebens der Eltern

Körperliche und mentale Überforderung – trotz altersverzögernder Technologien

Mehr familiäres Konfliktpotenzial durch die Zunahme von komplexeren Familienstrukturen wie Patchwork und Mehrgenerationenhaushalte

Langfristig sinkende Toleranz gegenüber Frauen, die Kinder nach der biologischen Uhr planen

RISIKEN

ELTERN WERDEN IN DER ZWEITEN LEBENSHÄLFTE

JUNGES GLÜCK

2. SEQUENZIELLE PARTNERSCHAFTEN
Beziehungen nach Lebenssituation

Die Idee, dass zwei Menschen sich binden, bis dass der Tod sie scheidet, verliert an Bedeutung. Ein sequenzielles Modell von Liebes- oder Partnerbeziehungen wird zur Norm. Das entlastet alle Beteiligten: Ein Mensch muss nicht mehr allen Ansprüchen innerhalb nur einer Beziehung genügen. Das reduziert den Druck bei Männern, gleichzeitig Vater, Ernährer und Liebhaber sein zu müssen; bei Frauen vermindert es die Erwartung, nebst Mutter auch noch beste Freundin und Familien-Co-Managerin zu sein. Anstatt wie bisher eine Lebensbeziehung oder allenfalls eine zweite nach der ersten Ehe zu haben, wird es künftig zum Standard, im Leben drei, vier oder fünf Beziehungspartner zu haben: einen für die wilde Jugend, einen für die Familiengründung, einen für das Sabbatical, einen für die zweite Karriere – und einen letzten für den Lebensabend.

3. KINDER VOR KARRIERE
Kinder haben, wenn man jung ist

Anstatt am Stress der Verbindung von Karriereaufbau und Elternschaft zu scheitern, wird die Biologie stärker gewichtet. Kinder bekommen wir dann, wenn wir körperlich von Natur aus am besten darauf vorbereitet sind – also im Alter zwischen 20 und 30 Jahren. Aufgrund der höheren Lebenserwartung bleibt danach genug Zeit, sich der Karriere zu widmen. Damit verbunden ist eine Art Vorbezug der Pensionierungsjahre für die Jahre der Kindererziehung.

4. KEINE NACHKOMMEN
Bewusster Kinderverzicht

Als direkte Folge der immer längeren Lebenszeit steigt die Bevölkerungsdichte. Aus Gründen wie Nachhaltigkeit, Raumknappheit und dem wachsenden Wunsch nach Selbstverwirklichung wird der Verzicht auf Nachkommen eine gesellschaftlich akzeptierte Alternative. Das bewusste Einstellen der Fortpflanzung führt dazu, dass Individualisten stärker ihre eigenen Bedürfnisse befriedigen können und Idealistinnen mehr Zeit haben, für ihre Weltanschauungen zu kämpfen. Gleichzeitig können sie Betreuungs- oder Erziehungsaufgaben für andere Familien wahrnehmen.

5. ALTERNIERENDE ROLLENVERTEILUNG
Gleichberechtigung bei Erziehung und Karriere

Beide Partner konzentrieren sich auf Erziehung und Karriere, aber alternierend: Anstatt die Kinderbetreuung der Karriere unterzuordnen oder die Rollen fix zwischen den Partnern zu verteilen, wird abgewechselt: Einmal konzentriert sich ein Partner auf seinen Beruf und der andere erzieht die Kinder respektive sorgt der eine für den Unterhalt oder kann sich der Musse widmen. Nach einer gewissen Zeit wird gewechselt. Selbstverwirklichung in Karriere und Familie lassen sich verbinden, durch mehr Lebenszeit.

SEQUENZIELLE PARTNERSCHAFTEN

LIEBEN DES LEBENS

WIE WIR MORGEN LERNEN

Bisher den ersten drei Jahrzehnten vorbehalten, verlängert die zusätzliche Lebenszeit die Arbeit an unseren Fähigkeiten und verteilt die Bildung auf beinahe das ganze Leben. Das Lernen hört nie auf und wird zu einem stetigen Begleiter. Dadurch können in Zukunft mehrere Ausbildungen genossen werden. Wir haben auch genügend Zeit, um die Ausbildungen durch Arbeitsphasen zu durchbrechen. Es ist möglich, in verschiedene Interessen zu investieren oder aber auch eine noch stärkere Spezialisierung anzustreben.

Doch nicht nur die Lebensdauer wälzt unser Verhältnis zur Ausbildung um. Die sich ständig verändernde Umwelt erfordert eine regelmässige Weiter- oder sogar Neuentwicklung der persönlichen Kompetenzen. Wer stillsteht, wird von allen Seiten überholt. Der Anspruch, an der technologischen Entwicklung dranzubleiben, wird selbstverständlich.

Bis jetzt von der Digitalisierung noch eher verschont geblieben, bahnt sich im Bildungssektor ein gewaltiger Umbruch an. Bildung ist nicht länger mit einer bestimmten Zeit, mit einem bestimmten Ort, mit einer bestimmten Person, mit einer bestimmten Methode und einem bestimmten Lernmedium verbunden. Im digitalen Zeitalter verwischen all diese klaren Zuordnungen. Die Rollen von Schulen, Universitäten und Lehrpersonen verändern sich genauso wie jene von Schulbüchern. Schüler und Schülerinnen sind nebst Auszubildenden auch sogenannte Early Adopters von neuen Technologien. Ihre Gewohnheiten zu beobachten, lohnt sich nicht nur für Marketingstrategen, sondern auch für Schulleiter und Bildungspolitiker.

Die staatlichen Schulen müssen überlegen, wie sie mit der rasanten digitalen Entwicklung Schritt halten – inhaltlich wie formal. Am fernen Ende unseres Vorstellungsspektrums des digitalen Lernens steht dereinst vielleicht die Verschmelzung des Menschen mit Maschinen.

WIE WIR MORGEN LEBEN // LERNEN

SZENARIEN FÜR LEBENSMODELLE BEIM LERNEN

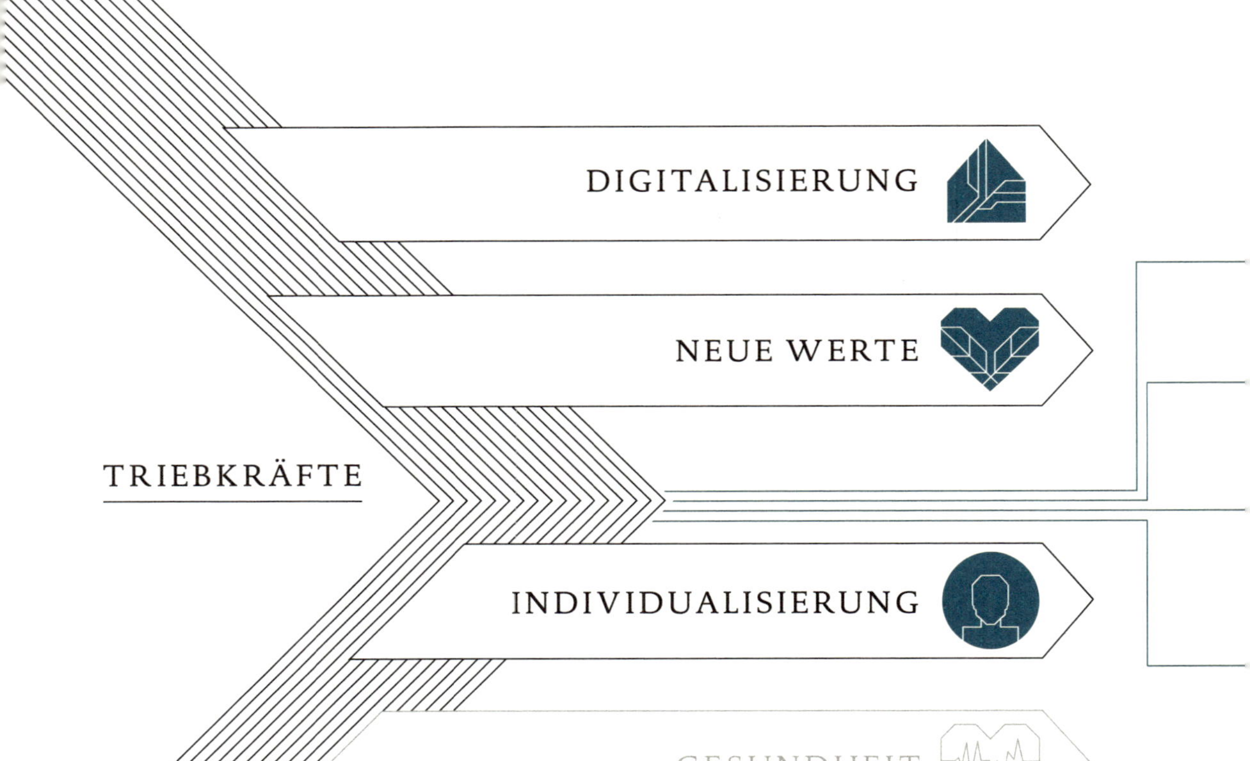

TRIEBKRÄFTE

- DIGITALISIERUNG
- NEUE WERTE
- INDIVIDUALISIERUNG
- GESUNDHEIT
- REGIONALISIERUNG

SZENARIEN

6. KARRIERE PER LEBENSABSCHNITT
Lebenslanges Lernen

7. MACHEN IST MACHT
Selber lernen

8. EXTREME SPEZIALISIERUNG
Der Beruf als Berufung

9. DIE WIEDERENTDECKUNG DES HANDWERKS
Entgegen der Akademisierung

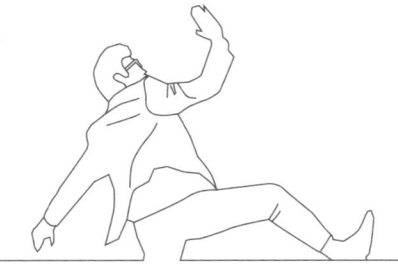

6. KARRIERE PER LEBENSABSCHNITT
Lebenslanges Lernen

Mit der zunehmenden Flexibilisierung der Arbeitswelt und neuen Angeboten von Bildungsindustrie und Universitäten wird das Modell des lebenslangen Lernens Realität. Anstatt in der Lehre oder im Studium einen Beruf zu erlernen und sich gelegentlich weiterzubilden, wird es zur Norm, regelmässig neue Professionen auszuüben. In unterschiedlichen Lebensphasen kommen dabei unterschiedliche Fähigkeiten zum Tragen, was der individuellen Entwicklung eines Menschen besser entspricht als das Modell «Ein Leben, ein Beruf». Weil Interessen und Begabungen selten nur in einem Themengebiet liegen, werden Bildungen auf mehrere Kompetenzfelder ausgerichtet. Entsprechend werden alle paar Jahre neue Fähigkeiten erlernt, die den unterschiedlichen Facetten der individuellen Begabungen entsprechen.

Das Szenario des lebenslangen Lernens trägt nicht nur der menschlichen Entwicklung Rechnung. Das anpassungsfähige Bildungsmodell entspricht auch den Anforderungen des Informationszeitalters, das durch schnelle technologische Entwicklung geprägt ist und in dem heute im selben Beruf andere Skills vonnöten sind als in fünf Jahren. Die Folge sind Berufe pro Lebensabschnitt, die sich einfacher der Nachfrage von Wirtschaft und Gesellschaft anpassen lassen. Die Grenzen zwischen Handwerk, Kunst, Wissenschaft und Business verwischen – nicht zuletzt, weil sie immer öfter in den verschiedenen Fähigkeiten eines Menschen vereint werden.

Für die Bildungsinstitutionen könnte dieses Modell bedeuten, dass man sich verabschiedet von einer Hauptausbildung und der alle paar Jahre darauffolgenden Weiterbildung in einem inhaltlich verwandten Bereich. Stattdessen lösen wir unterschiedliche Bildungsabonnements, die jederzeit eine Auffrischung oder gar eine neue Ausbildung ermöglichen.

CHANCEN

Weniger Überforderung bei der Berufswahl durch die Möglichkeit auf eine zweite oder dritte Chance

Mehr Freude und Produktivität bei der Arbeit durch die Verbindung von Lebenssituation, Interesse und Ausbildung

Höherer Beschäftigungsgrad durch Anpassung von Bildungsangeboten an die Nachfrage der Wirtschaft

Verbesserte Möglichkeit von Gesellschaften, komplexe Herausforderungen zu meistern durch die Förderung von bereichsübergreifendem Denken

KARRIERE PER LEBENSABSCHNITT

Zunahme von Halbwissen und einer wachsenden Masse von Generalisten durch das Risiko von oberflächlichen Lehrgängen

Überforderung des Individuums durch die Möglichkeit, alles zu lernen und alles zu werden

Hohe Kosten durch die Notwendigkeit von zeit- und finanzierungsintensiven Bildungsreformen

Wachsender Druck auf den Einzelnen gekoppelt an sinkende staatliche Hilfe: Wer sich nicht weiterbildet, ist selbst schuld

RISIKEN

KARRIERE PER LEBENSABSCHNITT

HERR MÜLLERS BILDUNGSABO ZAHLT SICH AUS

7. MACHEN IST MACHT
Selber lernen

Mit der fortlaufenden Digitalisierung verlieren Schulen und Lehrpersonen ihr Vermittlungsmonopol. E-Learning wird selbstverständlich. Die längere Lebenszeit hilft den digitalen Autodidakten in einer Welt, in der Wissen immer schneller veraltet und die ständig neue Fähigkeiten verlangt, sich in Eigenregie weiterzubilden und die notwendigen Fähigkeiten anzueignen. Die wenig flexiblen Angebote von Hochschulen verlieren in der Folge an Popularität. Der Trend zum autodidaktischen Lernen wird auch durch den Do-it-yourself-Trend begünstigt. Insbesondere die praktische Erfahrung, zum Beispiel im Heimlabor oder mit dem eigenen 3-D-Drucker gilt als bessere Vorbereitung auf die Zukunft als jahrelange und teure Lehrgänge.

8. EXTREME SPEZIALISIERUNG
Der Beruf als Berufung

Einerseits als Folge der Zunahme an Generalisten im Zeitalter des lebenslangen Lernens, andererseits durch die wachsende Komplexität wird eine Spezialisierung der eigenen Skills noch wichtiger: Nur so setzt man sich von der Masse an gut Ausgebildeten ab. Deshalb werden im Leben nicht laufend neue Kompetenzen angeeignet, sondern die bestehenden weiter perfektioniert. Die zusätzlichen Lebensjahre werden genutzt, um sich im eigenen Fachgebiet mittels Weiterbildungen zum Superexperten zu bilden.

9. DIE WIEDERENTDECKUNG DES HANDWERKS
Entgegen der Akademisierung

Als Antwort auf die Akademisierung der Gesellschaft, die fortwährende Digitalisierung und Fragmentierung der Arbeitswelt sowie das damit verbundene Gefühl der Entfremdung entscheiden sich in Zukunft wieder mehr Menschen dazu, ein «einfaches» Handwerk zu erlernen. Die Möglichkeit, einen Arbeitsprozess von Anfang bis Ende zu begleiten und das eigene Umfeld wortwörtlich zu be-greifen wird als Hauptvorteil der Wahl eines handwerklichen Berufs angesehen. Universitäten wie auch Lehrgänge im Dienstleistungssektor erfahren in der Folge eine rückläufige Nachfrage.

MACHEN IST MACHT

HOME SWEET HEUREKA

WIE WIR MORGEN LEBEN // ARBEITEN

WIE WIR MORGEN ARBEITEN

Die steigende Lebenserwartung hat weitreichende Konsequenzen für das Arbeitsleben. Dieses findet in Zukunft nicht mehr nur in der Zeitspanne nach der Ausbildung und vor der Pension statt, sondern auch danach und in verschiedenen, von Pausen getrennten Etappen.

Das eröffnet neue Perspektiven für die Planung von Karriere und alle anderen für die Arbeitswelt relevanten Bereiche. Ein Beispiel sind regelmässige Erholungsphasen. Davon profitieren nicht nur der Einzelne und seine Familie, auch die Wirtschaft gewinnt dadurch langfristig fitte und motivierte Mitarbeiter. Ähnlich wie bei der Bildung wird die Arbeit in vielen Branchen im Zuge der Digitalisierung nicht mehr ortsabhängig sein. Gearbeitet wird überall, im Büro, zu Hause und unterwegs. Eine Folge dieser neuen Möglichkeiten und des steigenden Bedürfnisses nach Eigenständigkeit ist eine wachsende Zahl Selbstständigerwerbender wie auch autark lebender Menschen – die ihren gesamten Lebensunterhalt in eigener Produktion herstellen.

Für Unternehmen bedeutet das unter anderem, dass ihre Mitarbeiter weder vor Ort noch jahrelang loyal sein werden. Vergütungsmodelle werden flexibilisiert, Arbeitsformen an die Bedürfnisse der multigenerationellen Gesellschaft angepasst werden müssen. Um immer noch die besten Mitarbeiter anzuziehen, müssen ihre Strukturen schliesslich Heimarbeit und parallele Unternehmensgründungen ermöglichen. Der Herausforderung, ältere Mitarbeiter in den Arbeitsprozess einzubeziehen, werden viele Firmen mit der Einführung von flexiblen Arbeitspensen begegnen oder mit der Schaffung von Stellen, die sich besonders für das Arbeiten im höheren Alter eignen.

WIE WIR MORGEN LEBEN // ARBEITEN

SZENARIEN FÜR LEBENSMODELLE BEIM ARBEITEN

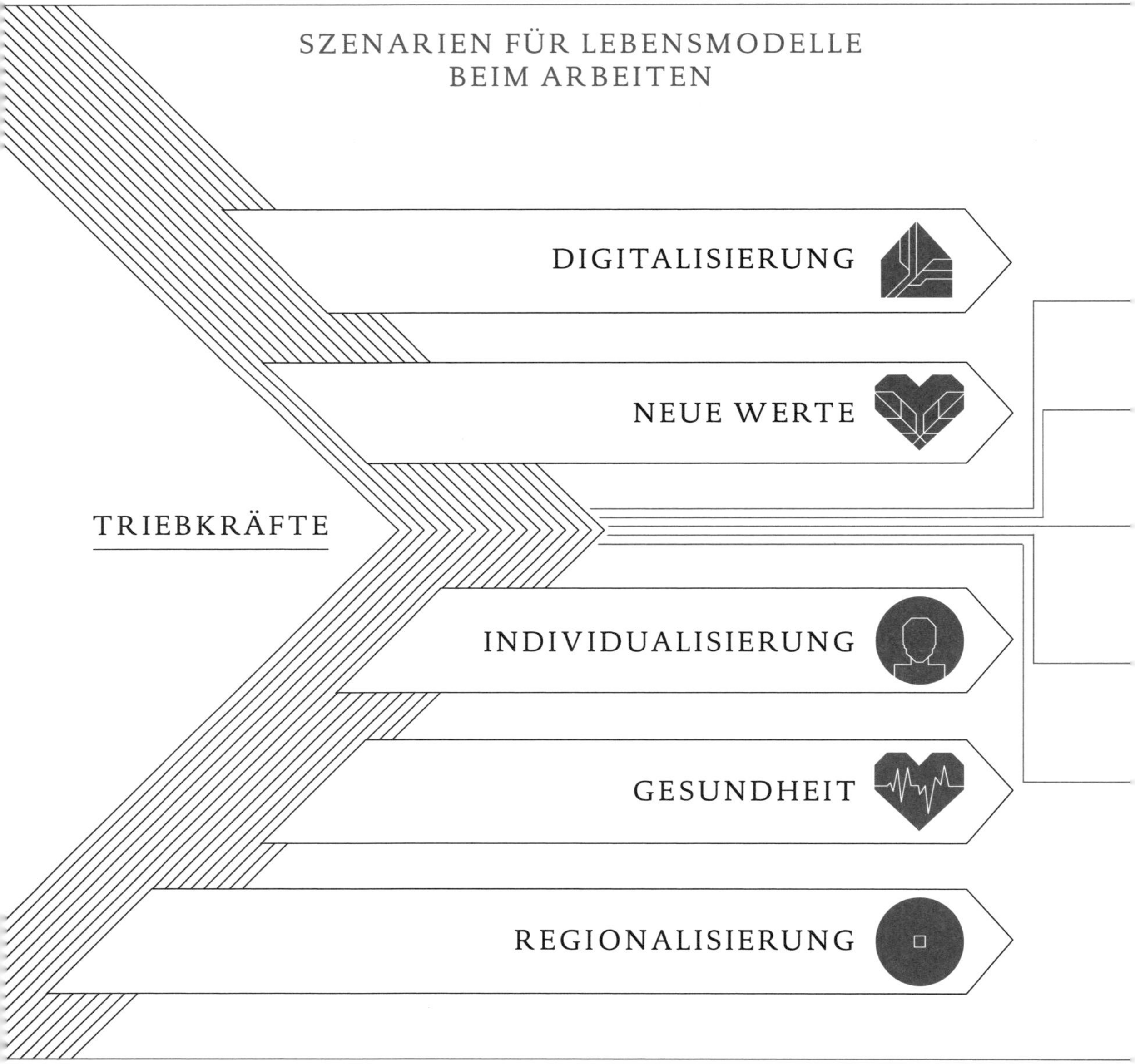

TRIEBKRÄFTE

- DIGITALISIERUNG
- NEUE WERTE
- INDIVIDUALISIERUNG
- GESUNDHEIT
- REGIONALISIERUNG

SZENARIEN

10. AUTARKE KARRIEREN
Siegeszug der Selbstversorger

11. FLEXIBLE ARBEITSINTENSITÄT
Mehr Freiheit bei Karriere- und Freizeitplanung

12. 30-STUNDEN-WOCHE
Reduktion des Arbeitspensums

13. VORBEZUG PENSIONIERUNG
Regelmässige Auszeiten

14. ALTERSGERECHTE STELLEN
Arbeit und Leistungsfähigkeit im Einklang

10. AUTARKE KARRIEREN
Siegeszug der Selbstversorger

Das Leitmodell für Arbeit im 20. Jahrhundert beruht auf der Anstellung von Arbeitnehmern in Unternehmen. Mit technologischen Fortschritten rund um digitale Produktionsmittel eröffnen sich neue Arbeitsmodelle, die auf Eigenständigkeit und Unternehmertum jenseits des Pfads der traditionellen Karrieren setzen.

Im Zuge dieser Entwicklung wird auch der Wunsch nach Autarkie lauter. Immer mehr ehemalige Angestellte machen sich selbstständig und einige versorgen sich gar von eigens produzierten Nahrungsmitteln und Konsumgütern. Diese Sehnsucht wird verstärkt durch das Misstrauen gegenüber globalisierten Produkten, das gleichzeitige Bedürfnis nach überschaubaren Wertschöpfungsketten und das Wiedererstarken regionaler Werte. Paradoxerweise wird die an sich romantische Idee der Selbstversorgung unterstützt durch neue Technologien: vom Nahrungsmittelanbau über die Tierzucht oder das Erzeugen von lokalen, regenerativen Energien bis hin zum 3-D-Druck von Alltagsgütern.

Die digitale Vernetzung erlaubt den Ausstieg aus dem Mainstream, ohne ganz zum Eremiten werden zu müssen. Allerdings wächst mit dem Grad der Autarkie auch die Komplexität. Lebensbereiche müssen koordiniert, die notwendigen Fähigkeiten erlernt sein. Wahrer Luxus bedeutet nicht mehr, sich zurückzulehnen, sondern als frei handelndes Individuum das Leben selbst in die Hand zu nehmen.

AUTARKE KARRIEREN

CHANCEN

Befriedigung romantischer Sehnsüchte in einer komplexen, schnelllebigen Welt

Mehr Kontrolle über die Wertschöpfungsketten und die Zunahme nachhaltiger Produkte

Regionale Standortförderung durch die Zunahme von lokalen Produkten und Dienstleistungen

Mehr Selbstvertrauen des Einzelnen durch Autonomie und das Erlernen sämtlicher lebensnotwendigen Fähigkeiten

RISIKEN

Unterschätzte Komplexität des «einfachen Lebens»: Alles selber machen braucht Zeit und ein breites Wissen

Entsolidarisierung durch den Fokus auf das Selbst und die Trennung von der Aussenwelt

Qualitätseinbussen und Risiken bei Nahrung und anderen Alltagsgütern durch Do-it-yourself

Wegfallen intelligenter Arbeitskräfte und Bürger für Wirtschaft, Gesellschaft und Politik durch den vermehrten Rückzug ins Privatleben

AUTARKE KARRIEREN

FAMILIE ROBINSON AUF DEM WEG INS AUTARKE GLÜCK

11. FLEXIBLE ARBEITSINTENSITÄT
Mehr Freiheit bei Karriere- und Freizeitplanung

Das traditionelle Arbeitsmodell basiert auf dem Ideal der Vollbeschäftigung. Dazu gehören fixe Pensen und fixe Arbeitszeiten. Allerdings widerspricht das Modell den realen Verhältnissen. Bereits heute wird vor Projektabgaben mehr und bei ruhigeren Zeiten weniger gearbeitet. Auch erschweren fixe Pensen und Arbeitszeiten die Verbindung von Beruf und Familie. Darum gewinnen in Zukunft Systeme an Bedeutung, die die Arbeitsintensität entsprechend der Gesamtsituation im Unternehmen und im Privatleben der Angestellten flexibilisieren. Dies trifft gerade auch beim Erreichen des Pensionierungsalters zu, bietet es einem Unternehmen doch die Möglichkeit, das Wissen hocherfahrener älterer Mitarbeitenden weiterhin, aber in reduziertem Umfang, zu nutzen.

12. 30-STUNDEN-WOCHE
Reduktion des Arbeitspensums

Simple Mathematik: Wer länger arbeitet, darf das zu tieferen Pensen tun. Heute finanzieren wir uns mit 40 Stunden pro Woche die Rente. In Zukunft wird es machbar, so lange zu arbeiten, wie wir dazu willig und imstande sind – dafür zeitlich weniger intensiv, zum Beispiel mit einer 30-Stunden-Woche. Auch eine Abschaffung der vorgegebenen Wochenstruktur oder eine Aufhebung des freien Wochenendes wären denkbar.

13. VORBEZUG PENSIONIERUNG
Regelmässige Auszeiten

Statt die grosse Erholungsphase an das Ende des Lebens zu stellen, werden regelmässige Erholungsphasen eingelegt mit einem stückweisen Vorbezug der Pensionszeit: ein Sabbatical alle sieben Jahre, das zur Rehabilitation, zum Tanken neuer Energie, zur Inspiration, zur Weiterbildung oder zur persönlichen Neuausrichtung genutzt werden könnte. Finanziert werden die Auszeiten durch einen späteren Antritt der Pension.

14. ALTERSGERECHTE STELLEN
Arbeit und Leistungsfähigkeit im Einklang

Berufe werden im Leben nicht allein aufgrund von persönlichen Präferenzen gewählt. Sie sind vermehrt eine Folge der körperlichen, geistigen und mentalen Stärken, die man in einem bestimmten Lebensabschnitt aufweist. Gerade im höheren Lebensalter wählen immer mehr Arbeitnehmer Tätigkeiten mit einer geringeren körperlichen Belastung, während in jüngeren Jahren anstrengende und leistungsorientierte Berufe ausgeübt werden. Dies wird auch in Zukunft so bleiben – trotz altersverzögernder Technologien. Doch nicht immer sind solche Stellen verfügbar oder der Zeitpunkt für eine Umschulung wurde verpasst. In Zukunft schliessen altersgerechte Stellen diese Lücke. Speziell für die Fähigkeiten von älteren Menschen konzipiert, zögern sie die Pension hinaus und sorgen für deren Einbettung in Wirtschaft und Gemeinschaft.

VORBEZUG PENSIONIERUNG

JOHN FEIERT SEINE ERSTE PENSION

WIE WIR MORGEN LEBEN // FREIZEIT GESTALTEN

WIE WIR MORGEN UNSERE FREIZEIT GESTALTEN

Die steigende Lebenserwartung bedeutet in erster Linie eines: mehr Zeit. Und damit auch mehr freie Zeit. Es wird uns in Zukunft möglich sein, länger zu arbeiten – aber auch mehr und längere Pausen einzulegen. Die fortschreitende Automatisierung begünstigt diese Tendenz. Halten wir unseren Wohlstand, haben wir bald so viel arbeitsfreie Zeit in Aussicht wie wohl noch nie in der Geschichte der Menschheit.

Die neu gewonnene freie Zeit, aber auch der Wunsch nach Selbstverwirklichung und die fehlende Identifikation mit standardisierter Arbeit führen dazu, dass der Freizeit in Zukunft ein viel höherer Stellenwert zukommt. Einige Menschen werden sich stärker der Selbstverwirklichung widmen, andere suchen Sinnstiftung im Ehrenamt oder stellen die Musse ins Zentrum des Lebens. Wieder andere versuchen, die Freizeit stressabbauend zu verbringen – auch, um möglichst lange fit für die Arbeit zu bleiben.

Die fortschreitende Automatisierung wird uns nicht nur mehr Freizeit bescheren, sondern auch die Art und Weise verändern, wie wir diese verbringen. Wenn Roboter uns Hausarbeit und einen Teil der Kindererziehung abnehmen, bleibt mehr Zeit fürs Nichtstun. Oder aber wir teilen unsere freien Stunden mit den intelligenten Maschinen, die uns umgeben – ob beim Drohnenfliegen oder beim Kochen mit Robotern.

Gleichzeitig ist aber auch ein Szenario möglich, in dem wir weniger freie Zeit haben. Zum einen, weil wir als Folge des Vorsorge-Engpasses immer länger arbeiten müssen. Zum anderen, weil Arbeit und Freizeit in zusehendem Masse verschmelzen. Durch die Möglichkeit, von überall her zu arbeiten und ständig erreichbar zu sein, könnte Freizeit auch zu einem raren Gut werden.

WIE WIR MORGEN LEBEN // FREIZEIT GESTALTEN

SZENARIEN FÜR LEBENSMODELLE BEIM FREIZEITGESTALTEN

TRIEBKRÄFTE

- DIGITALISIERUNG
- NEUE WERTE
- INDIVIDUALISIERUNG
- GESUNDHEIT
- REGIONALISIERUNG

SZENARIEN

15. DIE WIEDERENTDECKUNG DER MUSSE
Sinnstiftung in der Freizeit

16. EHRENAMT UND SELBSTVERWIRKLICHUNG
Die Rückkehr zum Milizsystem

17. VERSCHMELZUNG VON FREIZEIT UND BERUF
Privatsphäre und Arbeit werden eins

18. KEINE FREIZEIT
Die Gesellschaft der Arbeit

15. DIE WIEDERENTDECKUNG DER MUSSE
Sinnstiftung in der Freizeit

Die steigende Lebenserwartung erlaubt es uns, mehr Freizeit und längere Auszeiten in unsere Karriere einzuplanen. Dank der Erhöhung des Rentenalters werden mehrmonatige oder gar mehrjährige Auszeiten normal – oder aber unsere Wochenarbeitszeit wird auf 30 Stunden reduziert. Dann arbeiten wir bis 90 und lassen unser Pensum langsam komplett auslaufen. Erholung und Selbstverwirklichung schieben wir nicht länger auf kurze Wochenenden und den letzten Lebensabschnitt. Stattdessen gönnen wir uns mehr Freizeit, die durch eine Erhöhung des Rentenalters kompensiert wird.

Parallel dazu halten intelligente Systeme und Hilfsroboter Einzug. Im Berufs- und Privatleben können wir uns nun auf die genuin menschlichen Stärken und Interessen konzentrieren: das Nachdenken, die Kunst oder die Pflege von zwischenmenschlichen Beziehungen.

Voraussetzung dafür sind neue, flexible Finanzierungsformen für vorgezogene Regenerationsphasen, die im Gegenzug Glück und Produktivität erhöhen – und schliesslich die Fähigkeiten fördern, über die Roboter und Algorithmen nicht verfügen.

DIE WIEDERENTDECKUNG DER MUSSE

CHANCEN

Mehr Lebensqualität und sinkende Burn-out-Quoten durch mehr freie, selbstbestimmte Zeit

Wachsende Produktivität und Kreativität am Arbeitsplatz durch Ruhepausen und abwechslungsreiche Freizeitgestaltung

Mehr Möglichkeiten der Selbstverwirklichung des Einzelnen sowie höhere Zufriedenheit und Stabilität in der Bevölkerung

Verbesserte Leistungsfähigkeit und wachsende Anzahl arbeitstätiger Menschen im Alter durch die Schonung der körperlichen und geistigen Reserven

RISIKEN

Höherer Druck auf den Einzelnen, bis ins hohe Alter zu arbeiten, ohne Rücksicht auf Gebrechen

Weniger Einkommen und Schwächung der Altersvorsorge durch viele Auszeiten und tiefere Arbeitspensen

Zusätzlicher Leistungsdruck durch die Pflicht zu kreativen Sabbaticals

Effizienzverlust und hohe Kosten für Unternehmen durch die Unvereinbarkeit von temporären Arbeitsunterbrechungen und Projektmanagement

DIE WIEDERENTDECKUNG DER MUSSE

PARK LIFE

16. EHRENAMT UND SELBSTVERWIRKLICHUNG
Die Rückkehr zum Milizsystem

Das Mehr an Freizeit wird nicht mehr nur dazu genutzt, sich zu regenerieren, um wieder fit für die Arbeit zu sein, sondern auch für das ehrenamtliche Engagement. Dadurch wächst die Erfüllung jenseits der Arbeitswelt. Das führt zu einer Entlastung der Sozialsysteme beispielsweise durch den Einsatz von Freiwilligen in der Alterspflege.

17. VERSCHMELZUNG VON FREIZEIT UND BERUF
Privatsphäre und Arbeit werden eins

Der individuelle Lebensrhythmus wird immer stärker von äusseren Strukturen entkoppelt. Arbeit, Freizeit und Konsum verschmelzen miteinander und sind nicht mehr wie bisher an spezifische Orte und Zeiten gebunden. Dafür an mobile Geräte, mit denen wir Arbeit und Freizeit, Tag und Nacht verbringen. Die mangelnde Entgrenzung von Arbeit und Freizeit kann für die einen die ideale Form der Selbstverwirklichung sein. Für Unternehmen garantiert sie eine 24/7-Dienstleistungskultur. Für andere wird sie primär Überforderung und Burnout bedeuten: Verschmelzung bedeutet den Wegfall der Grenze zwischen Beruf und Freizeit, und mit ihr die Trennung zwischen Arbeit und Privatleben.

18. KEINE FREIZEIT
Die Gesellschaft der Arbeit

Für die meisten eine dystoptische Perspektive: Wir werden eine Gesellschaft ohne Freizeit. Die höhere Lebenszeit führt zu einer starken Belastung der Sozialsysteme: Immer mehr Menschen beanspruchen AHV- und IV-Leistungen, der Druck auf die Pensionskassen nimmt zu. Als Folge sinken die Rentenansprüche, sodass Arbeitnehmer immer länger und mehr arbeiten müssen, um ihr Leben zu finanzieren. Wo die arbeitsfreie Zeit knapp wird, beruht die Sinnstiftung wieder hauptsächlich auf beruflichen Tätigkeiten. Freizeit ist auf ein Minimum reduziert.

KEINE FREIZEIT

RUMMELPLATZ 2050

WIE WIR MORGEN LEBEN // GESUND BLEIBEN

WIE WIR MORGEN GESUND BLEIBEN

Bin ich gesund? Die Antwort auf diese Frage bezieht heute nicht mehr nur das körperliche, sondern auch das seelische Wohl mit ein. Damit wird Gesundheit immer mehr zu einer Entscheidung für oder gegen einen Lebensstil. Ernährung und Freizeitgestaltung werden auf die Folgen fürs Wohlbefinden untersucht. War sie früher eine Frage von Arztbesuchen, Therapien und medizinischen Eingriffen, wird Gesundheit zusehends zum Lebensprojekt.

Die Digitalisierung hilft dabei, Körper und Geist zu optimieren. Trackingsysteme liefern wertvolle Zeit durch genauere Früherkennung – und speichern unablässig Gesundheitsdaten. Der technologische Fortschritt erlaubt darüber hinaus eine Personalisierung der Medizin.

Das bringt nebst Freiheiten auch mehr Verantwortung. Gesundheit wird «machbar», mit der Folge, dass der Leistungsdruck auf den Einzelnen steigt. Das ist nicht zuletzt eine Kostenfrage. Krankenkassen bieten schon heute günstigere Prämien für Kunden an, die sich vollständig tracken lassen und sich nachweislich gesund erhalten.

Doch natürlich sind auch hier die Gegentrends absehbar: die vollkommene Ausrichtung am Genuss und die Abkehr von der Perfektion.

— WIE WIR MORGEN LEBEN // GESUND BLEIBEN

SZENARIEN FÜR LEBENSMODELLE BEIM GESUNDBLEIBEN

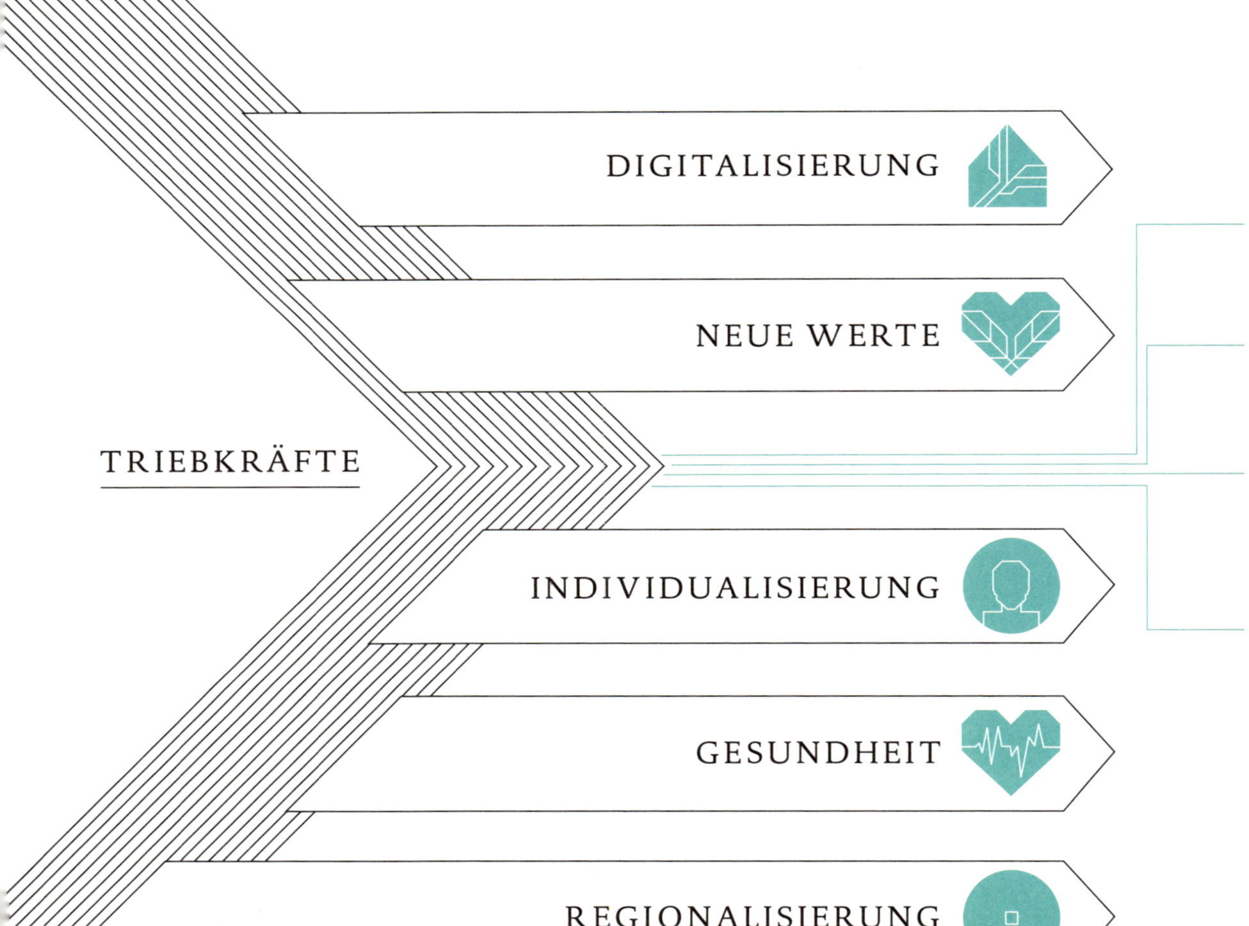

TRIEBKRÄFTE

- DIGITALISIERUNG
- NEUE WERTE
- INDIVIDUALISIERUNG
- GESUNDHEIT
- REGIONALISIERUNG

SZENARIEN

19. DAS ENDE DER PERFEKTION
Zurück zur Vielfalt

20. TOTALE OPTIMIERUNG
Noch länger leben

21. DIY-GESUNDHEIT
Der Arzt war gestern

22. EXZESS
Genuss statt Kontrolle

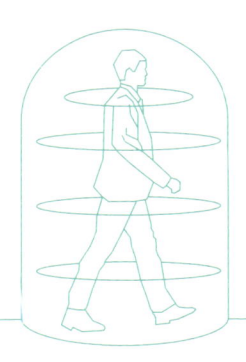

19. DAS ENDE DER PERFEKTION
Zurück zur Vielfalt

Einzigartig statt perfekt: Selbstoptimierung wird im Kontext der zunehmenden Homogenisierung neu definiert. Als Gegentrend zum Angleichen an die gesellschaftlichen Normen maximaler Schönheit rücken Leitbilder in den Mittelpunkt, die auf Individualität setzen. Auch die Medizin verändert sich dadurch. Ziel ist es, sich von der Menge abzuheben, um mehr Authentizität und Glaubwürdigkeit zu erlangen.

Nebst der Chirurgie und Medikamenten, die unser Aussehen und unsere Gehirnleistung verändern, eröffnen Sensoren und intelligente Prothesen eine nächste Stufe der Evolution: die Verschmelzung von Menschen mit Maschinen. Dabei sind der Fantasie kaum Grenzen gesetzt – von implantierten Smartphones über Roboteranzüge bis hin zu faltiger Haut, die uns erfahrener und weise aussehen lässt.

Als Folge der technischen Aufrüstung unserer Körper können wir unsere Gesundheit auch immer besser überwachen – bis hin zu transhumanistischen Applikationen, die unsere geistigen und körperlichen Fähigkeiten um ein Vielfaches steigern – oder eben individuell verändern.

CHANCEN

Mehr Selbstvertrauen für den Einzelnen durch Unterwanderung von Äusserlichkeitsnormen

Weniger soziale Ausgrenzung und verbesserte Möglichkeiten der Partizipation am sozialen und beruflichen Leben für alle

Möglichkeit der Überwindung von körperlichen Einschränkungen

DAS ENDE DER PERFEKTION

Wachsender Druck auf den Einzelnen, möglichst individuell zu sein

Zunehmende Abhängigkeit von der Technologie und der Medizin

Kluft zwischen Arm und Reich: Ein spezielles Äusseres ist teuer

RISIKEN

DAS ENDE DER PERFEKTION

EINMAL BIERBAUCH, BITTE!

20. TOTALE OPTIMIERUNG
Noch länger leben

Dank der Erkenntnisse aus der Diagnostik zur Früherkennung von schweren Krankheiten lässt sich die Lebensspanne noch weiter optimieren. Anstatt wie bisher Gebrechen dann zu behandeln, wenn sie auftreten, wird ein kontinuierlicher Optimierungsprozess zur Norm. Dabei werden die Risiken in jeder Lebensstufe identifiziert und durch eine laufende Vorbeugung minimiert. Gesund bleiben wird von einem Phasen- zu einem Lebensprojekt.

21. DIY-GESUNDHEIT
Der Arzt war gestern

Ein wachsendes Misstrauen gegenüber Ärzten, zahlreiche Mittel zur Selbstdiagnose und die Demokratisierung des medizinischen und technischen Wissens führen dazu, dass viele Menschen nicht mehr den Hausarzt aufsuchen, sondern zum eigenen Doktorset greifen: von Gentests, über ph-Indikatorstäbchen und Kalorienzählern bis hin zu Selbstdiagnose-Apps zur Erkennung diverser Krankheiten. Dies mündet in einem zunehmenden Druck, die eigene Gesundheit zu überprüfen und dem Glauben, diese dadurch kontrollieren zu können.

22. EXZESS
Genuss statt Kontrolle

Die Gegenbewegung zur Gesundheitsbewegung und zum möglichst langen Leben als Ideal bildet die bewusste Hinwendung zum Genuss und zum Exzess. Das lange Leben eröffnet mehr Zeit fürs Austoben und Selbstverwirklichen. Der medizinische Fortschritt hilft dabei, negative körperliche Folgen zu minimieren. Ein langes Leben ist zwar auch so möglich, gilt aber nicht als primäres Ziel eines erfüllten Lebens.

EXZESS

KARLA ISST GESUND, KAROLINE IST GESUND

WIE WIR MORGEN
KINDER
ERZIEHEN

Die Möglichkeit längerer Auszeiten führt dazu, dass junge Väter und Mütter den Multitasking-Stress aus Arbeit, Familie und Beziehung reduzieren können. Neue Arbeitsmodelle erlauben es Paaren, zu priorisieren und die Tätigkeiten entweder zu verteilen oder sich eine Zeit lang ausschliesslich und intensiv um den Nachwuchs zu kümmern.

Weitere Entspannung verspricht die Aussicht auf Entlastung durch Dritte. Dank der steigenden Lebenserwartung haben Grosseltern und Verwandte ebenfalls mehr Zeit für die Miterziehung. Und nicht nur sie. In Zukunft dürften Eltern die erzieherische Arbeit vermehrt mit Personen ausserhalb der biologischen Familie teilen: Freunde, Nachbarn, Senioren… Diese Neudefinition der Erziehungsberechtigten könnte auch eine Neudefinition der Familie zur Folge haben. Wenn sich zeigt, dass die Erziehung mit einem Dritten besser klappt als mit dem Partner, warum nicht Romantik und Kindererziehung trennen?

Die Digitalisierung wird weiter in alle pädagogischen Lebensbereiche eindringen. Nebst Babyüberwachung und GPS-Systemen für ältere Kinder werden Lernen und Verhalten weiter durch die Technologie geprägt. Kinder von morgen verinnerlichen Wissen, Regeln und Normen dank der Hilfe digitaler Assistenten spielerisch. Und wenn sich die Roboter in der Pflege durchsetzen, steht ihnen auch die Türe zum Kinderzimmer offen.

— WIE WIR MORGEN LEBEN // KINDER ERZIEHEN

SZENARIEN FÜR LEBENSMODELLE BEIM KINDERERZIEHEN

TRIEBKRÄFTE

- DIGITALISIERUNG
- NEUE WERTE
- INDIVIDUALISIERUNG
- GESUNDHEIT
- REGIONALISIERUNG

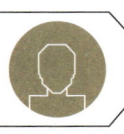

SZENARIEN

23. TRENNUNG VON ERZIEHUNG UND ROMANTIK
Kinder mit Kollegen

24. DIGITALE KINDERERZIEHUNG
Roboter als Eltern

25. KINDER STATT KARRIERE
Fokus auf Nachwuchs

26. GEMEINSCHAFT ALS FAMILIE
Soziale Aufteilung der Erziehung

27. VORWÄRTS ZUR TRADITION
Rollenverteilung 2.0

23. TRENNUNG VON ERZIEHUNG UND ROMANTIK
Kinder mit Kollegen

Die hohe Scheidungsrate spricht eine klare Sprache. Die klassische Familie ist nicht gerade ein Erfolgsformat. Ein grosser Teil der zu Eltern gewordenen Liebespaare zerbricht während oder nach dem Aufziehen des Nachwuchses.

Anstatt Kinder im traditionellen Kontext der Paarbeziehung grosszuziehen, eröffnen sich nun neue Modelle, in denen befreundete Frauen oder Männer die Kinder erziehen. Anstatt die romantische Partnerbeziehung mit dem Stress der Kinderbetreuung zu belasten und die Scheidungsraten weiter nach oben zu treiben, wird es zur Alternative, Kinder mit dem besten Freund oder der besten Freundin zu betreuen. Entscheide werden gemeinsam und rational verhandelt, verletzte Gefühle spielen eine weniger grosse Rolle. Den Liebespaaren bleibt dafür der Alltagsstress durch Nachtbetreuung, Windeln wechseln und Schlichten von Kinderstreitereien erspart.

Ein solches Modell der Kindererziehung greift gleichzeitig zurück auf die Zeit vor der kleinbürgerlichen Familienidylle, in der Kinder im Umfeld der Sippe grossgezogen wurden. In der Zukunft würden sich aber nicht mehr nur Frauen um die Kinder kümmern, während die Männer auf der Jagd sind. Auch Männerwohngemeinschaften von engagierten und verantwortungsbewussten Vätern ermöglichen einen Alltag losgelöst von Missverständnissen zwischen Geschlechtern und ein Erhalten des Herzklopfens der Liebenden. Das Resultat, in der Theorie, sind glückliche Paare, entspannte Eltern und zufriedene Kinder.

TRENNUNG VON ERZIEHUNG UND ROMANTIK

CHANCEN

Entlastung der Paarbeziehung und Senkung der Scheidungsrate durch weniger Alltagsstress

Mehr Toleranz und Sozialkompetenz seitens der Kinder durch Beziehungen ausserhalb der Kernfamilie

Kindererziehung durch zufriedene Betreuungspersonen; weniger «Scheidungskinder»

RISIKEN

Unklare Aufteilung der Verantwortung für das Kind und Mangel an «harter» Erziehungsarbeit

Verunsicherung des Kindes durch fehlendes Zugehörigkeitsgefühl

Wegfallen der Liebe der Eltern als tragendes Element des Alltags

TRENNUNG VON ERZIEHUNG UND ROMANTIK

EIN TAG IN DER PAPA-WG

24. DIGITALE KINDERERZIEHUNG
Roboter als Eltern

Bereits heute wird Babys Schlaf digital überwacht, bald werden auch ältere Kinder durch GPS-Systeme «getrackt». Künstliche Intelligenz, so die Annahme, übernimmt in Zukunft vor allem monotone, repetitive Tätigkeiten. Das Wickeln von Kleinkindern, das Beibringen der ersten Schritte oder das Erlernen von Sprache, beispielsweise mit der Hilfe von digitalen Assistenten, sind davon nicht ausgeschlossen. Wenn sich die Roboter bereits in der Pflege durchsetzen, steht ihnen auch die Türe zum Kinderzimmer offen. In der Folge widmen sich Mütter und Väter nur noch den schönen, beziehungsfördernden Aufgaben, wie Waldausflügen oder dem Lesen von Gutenachtgeschichten. Ob das für die Bindung zwischen Kind und Eltern ausreicht, wird sich zeigen.

25. KINDER STATT KARRIERE
Fokus auf Nachwuchs

Das längere Leben, die nahen familiären Bindungen zu Gross- und Urgrosseltern sowie die Ersetzbarkeit vieler Tätigkeiten durch die Automatisierung führen zu einer Rückbesinnung auf die Familie als Zentrum des persönlichen Glücks. Die Erziehung und die Betreuung von Kindern nehmen in der Folge eine tragende Rolle im Leben ein. Mütter wie Väter setzen weniger Aufmerksamkeit auf berufliche Karrieren, insbesondere auf solche mit wenig Aussicht auf Erfolg oder Selbstverwirklichung. Anders als früher nehmen uns bei der Arbeit zu Hause neue Technologien wie Haushaltsroboter das Kochen und Putzen ab, sodass ein Grossteil der Zeit für die Kinderbetreuung eingesetzt werden kann. Das Kind ist König wird zur Realität.

26. GEMEINSCHAFT ALS FAMILIE
Soziale Aufteilung der Erziehung

Paare werden auch in Zukunft mit dem Aufziehen von Kindern herausgefordert sein. Mit dem Aufbrechen traditioneller Familienstrukturen und der Gleichzeitigkeit von Karriere und Familie gewinnen grössere soziale Strukturen wieder an Bedeutung. Kinderbetreuung erfolgt durch den Einbezug von Verwandten, Freunden oder Nachbarn, nicht mehr nur durch Vater und Mutter. Ähnlich wie früher in familiären Sippen, wachsen Kinder zwar mit Vater und Mutter, aber auch in geschützten Kleingemeinschaften auf. Diese entlasten nicht nur die Eltern, sondern fördern auch die Sozialkompetenz der Kinder und deren Solidarität mit anderen Generationen und familienexternen Personen.

27. VORWÄRTS ZUR TRADITION
Rollenverteilung 2.0

Die Neuverteilung der Rollen von Mann und Frau in Erziehung und Karriere geht häufig einher mit einem Gefühl der Überforderung auf beiden Seiten und Unstimmigkeiten zwischen den Partnern. Der zeitliche und mentale Stress, der daraus entsteht, führt zu einer Rückbesinnung auf einfachere Lebensformen, in der Kinderbetreuung und Erwerbsarbeit klar verteilt sind – nun aber losgelöst vom Geschlecht. Das Resultat sind weniger Konflikte, weniger Organisationszeit und stabile Verhältnisse. Allerdings bleibt die finanzielle Abhängigkeit eines Partners bestehen, wenn nicht Finanzierungsmodelle gefunden werden, die die Kinderbetreuung entlohnen.

VORWÄRTS ZUR TRADITION

ROBOTER AN DEN HERD!

WIE WIR MORGEN
BEZIEHUNGEN
PFLEGEN

In Beziehungssachen denken viele, mitunter auch moderne Zeitgenossen, eher konservativ. Gerade in Zeiten des schnellen Wandels geben langfristige Beziehungen Halt und stehen sinnbildlich für das Bewahren von Altbekanntem. Gleichzeitig nimmt die Zahl der Scheidungen und Trennungen laufend zu. Bislang stark geprägt durch die monogame Zweierbeziehung, verfügen wir in der Beziehungslandschaft der Zukunft über eine Vielfalt an Möglichkeiten. In dieser Diversität widerspiegeln sich der gesellschaftliche Wertewandel und der technologische Fortschritt gleichermassen.

Die Verlängerung der Lebenszeit verstärkt individualistische Tendenzen wie den Wunsch nach Selbstfindung genauso, wie sie den Rückbezug auf gemeinschaftliche Werte unterstützt. Das Spektrum der Alternativen zu individualistischen Lebensstilen, in denen das eigene Ich im Mittelpunkt steht, reicht von der Etablierung einer Wir-Kultur, in der geteilt und verschenkt wird, bis hin zur bewussten Abgeschiedenheit der Einsiedelei.

Nur auf den ersten Blick in den Bereich der Science-Fiction gehören Beziehungen zwischen Menschen und Maschinen. Die zwischenmenschliche Kommunikation läuft nicht erst seit der Entwicklung des Internets über die Technologie. Die nächste Stufe ist die Kommunikation mit der Technologie. Die Errungenschaften im Gebiet der virtuellen Realität beschleunigen diese Entwicklung und machen Beziehungen mit künstlicher Intelligenz realer und natürlicher erfahrbar.

WIE WIR MORGEN LEBEN // BEZIEHUNGEN PFLEGEN

SZENARIEN FÜR LEBENSMODELLE BEIM BEZIEHUNGENPFLEGEN

TRIEBKRÄFTE

- DIGITALISIERUNG
- NEUE WERTE
- INDIVIDUALISIERUNG
- GESUNDHEIT
- REGIONALISIERUNG

SZENARIEN

28. LIEBE MIT KÜNSTLICHER INTELLIGENZ
Beziehungspflege mit dem Smartphone

29. PLATONISCHE LIEBE
Körperlose Beziehungen im virtuellen Raum

30. KARRIERE ODER ROMANTIK
Schluss mit der Gleichzeitigkeit

31. ICH-BEZIEHUNG
Das Ende der Partnerschaft

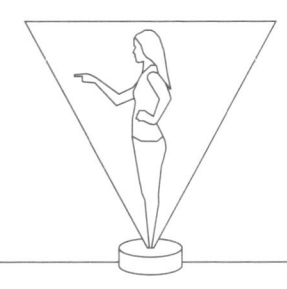

28. LIEBE MIT KÜNSTLICHER INTELLIGENZ
Beziehungspflege mit dem Smartphone

Digitale Medien haben unsere Beziehungen weiter entkörperlicht. Das physische Zusammentreffen wird zur Nebensache, wenn Begegnungen in virtuellen Welten stattfinden können.

Mit dem Aufstieg von künstlicher Intelligenz und der Verbreitung von smarten Alltagsgegenständen entwickeln sich alltägliche Beziehungen zwischen Menschen und Maschinen. Weil das Kommunizieren mit anderen Personen im Vergleich dazu viel Zeit und Nerven kostet, wird der soziale Austausch – und selbst eine Liebesbeziehung – mit Avataren oder Robotern zu einer realisierbaren und akzeptierten Alternative. Diese Art von Beziehung ist konfliktarm und von einer starken Ausrichtung auf die persönlichen Bedürfnisse des Menschen geprägt.

Je intelligenter die Systeme werden, umso ähnlicher werden sie jedoch den Menschen: Sie haben Ansprüche an ihre Geliebten – und ihre eigenen Laster. Allerdings können auch die besten Maschinen den Menschen nur simulieren, niemals aber ersetzen. Ihre Liebe ist Programm. Als Folge bleibt der Wunsch nach Beziehungen zu echten Menschen. Dennoch: Genauso wie Flugsimulatoren Piloten auf eine echte Gewitterfront vorbereiten, könnten liebende Roboter uns dabei helfen, unsere Beziehungskompetenzen für die grosse Liebe zu erweitern.

LIEBE MIT KÜNSTLICHER INTELLIGENZ

CHANCEN

Weniger Konfliktpotenzial in der Beziehung mit der Wahl eines einfachen, bedürfnisfreien Roboters

Erstes Testen von Beziehungskompetenzen für die echte Liebe durch das «Üben» mit anspruchsvollen Liebes-Coaching-Robotern

Möglichkeit der Überbrückung von beziehungslosen Zeiten; weniger Einsamkeit

RISIKEN

Risiko der Entmenschlichung und Verarmung von Beziehungen durch vermehrte Kontakte mit künstlicher Existenz

Gefahr des Verwechselns von Programm mit echten Gefühlen

Rückläufige Beziehungs- und Sozialkompetenzen durch Partnerschaften mit bedürfnislosen Robotern

LIEBE MIT KÜNSTLICHER INTELLIGENZ

NACH DREI JAHREN WAR ES AUCH BEI
GÜNTER UND L.I.S.A. SO WEIT

29. PLATONISCHE LIEBE
Körperlose Beziehungen im virtuellen Raum

Als Folge der zunehmenden Entkörperlichung unserer Beziehungen im digitalen Zeitalter verlagert sich auch die romantische Liebe in den digitalen Raum. Dies mündet in einer Zunahme platonischer Beziehungen und einem Rückgang der körperlichen Liebe. Lustempfinden, wo vorhanden, wird durch Technologie befriedigt. Das Resultat ist mehr Einfachheit und Planbarkeit als in physisch geprägten Beziehungen, aber auch mehr Einsamkeit.

30. KARRIERE ODER ROMANTIK
Schluss mit der Gleichzeitigkeit

Aufgrund der zunehmenden Zeitknappheit entscheiden sich immer mehr Menschen in Phasen von Karrieresprüngen oder in anstrengenden Lebensabschnitten dazu, ganz auf Beziehungen zu verzichten. Diese werden dafür umso intensiver gelebt, wenn Zeit dafür ist. In der bewussten Endlichkeit der Romantik liegt darüber hinaus eine hohe Attraktivität, die Langzeitbeziehungen nur bedingt erfüllen können.

31. ICH-BEZIEHUNG
Das Ende der Partnerschaft

Das gesamte Leben wird so vollständig wie möglich auf die persönliche Entwicklung ausgelegt. Dadurch bleibt weniger Raum für Beziehungen und Kompromisse mit anderen Menschen. Das Ideal der Paarbeziehung wird durch die Selbstliebe ersetzt. Der soziale Austausch ist rückläufig, wo nötig wird er durch ein grosses Netzwerk an losen sozialen Kontakten gewährleistet.

ICH-BEZIEHUNG

MIT MIR IST ES IMMER NOCH AM SCHÖNSTEN

WIE WIR MORGEN LEBEN // WOHNEN

WIE WIR MORGEN WOHNEN

Unser Wohnen wird zunehmend von einer intelligenten Umwelt geprägt. In sogenannten Smart Homes können immer mehr Haushaltsgeräte von Heizung über Staubsauger bis hin zur Waschmaschine über das Internet bedient werden oder steuern sich gar ganz selbstständig. Doch jenseits plakativer Beispiele wie Kühlschränke, die mit uns kommunizieren, liegt die Innovation aber im Hintergrund: Intelligente Systeme helfen Hausbewohnern beispielsweise, den Energieverbrauch ökologischer und ökonomischer zu gestalten.

Eine für die meisten Menschen viel stärker spürbare Veränderung in der Wohnkultur wird aber nicht von der Technologie angetrieben, sondern durch den gesellschaftlichen Wertewandel. Entlang der fortschreitenden Fragmentierung der Gesellschaft, der Lockerung traditioneller Moralvorstellungen und dem knapper werdenden Raum entsteht eine Vielfalt neuer Wohnformen. Das Spektrum reicht von Mehrgenerationenhaushalten über serielle, auf das jeweilige Alter abgestimmte Wohnungen bis hin zum hochtechnologisierten Single-Appartement.

Mit der Möglichkeit, immer und überall zu arbeiten, bewegt sich das Wohnen weg vom Stationären hin zu mehr Mobilität. Immer mehr Menschen haben den Wunsch, flexibel den Wohnort zu wechseln und sich dadurch eine gewisse Unabhängigkeit zu bewahren. Wohnmobile oder möblierte Wohnungen erfahren in der Folge wachsende Beliebtheit, gerade auch bei der älteren Generation, die das neue Nomadentum dem endgültigen Charakter der Altersresidenz vorzieht.

WIE WIR MORGEN LEBEN // WOHNEN

SZENARIEN FÜR LEBENSMODELLE BEIM WOHNEN

TRIEBKRÄFTE

- DIGITALISIERUNG
- NEUE WERTE
- INDIVIDUALISIERUNG
- GESUNDHEIT
- REGIONALISIERUNG

SZENARIEN

32. ZURÜCK ZUR SIPPE
Die Wiederentdeckung des Mehrgenerationenhaushalts

33. MOBILES HEIM
Pensionierte Nomaden

34. EASY LIVING
Technologie als Schlüssel zur Selbstständigkeit

35. WOHNGEMEINSCHAFTEN NACH INTERESSE
Gleichgesinnte zusammen

32. ZURÜCK ZUR SIPPE
Die Wiederentdeckung des Mehrgenerationenhaushalts

Die Lebenserwartung steigt, während der Wohnraum kontinuierlich abnimmt. So wird das Zusammenleben von Grossfamilien wieder zu einer attraktiven alternativen Lebensform. Mit dem Aufbau neu gestalteter Wohngemeinschaften, die bis zu sechs Generationen einschliessen, können innerhalb von Familien und in grösseren Gemeinschaften gegenseitig Leistungen erbracht werden. Die Familienmitglieder entlasten sich zum Wohle aller gegenseitig. Grosseltern kümmern sich um Enkel, Jugendliche helfen im Haushalt und betreuen die technische Infrastruktur und vitale Urgrosseltern entlasten Eltern bei der Koordination aller Arbeiten.

Als Folge reduzieren sich die Kosten für die Sozialsysteme. Als Voraussetzung dafür müssen aber Wohnkonzepte neu gedacht werden. Modulare Systeme könnten ein flexibles Zusammenleben erlauben.

Vor allem aber gilt es, Arbeiten und Pflichten innerhalb der Familie neu zu definieren. Die Nähe zwischen den Generationen sowie die praktischen Kompetenzen zur aktiven Unterstützung des eigenen Umfelds reduzieren nicht nur die Abhängigkeit von technischen Hilfsmitteln, sondern stärken auch den gesellschaftlichen Zusammenhalt.

ZURÜCK ZUR SIPPE

CHANCEN

Entlastung der Sozialsysteme: weniger Bedarf an Kinderbetreuung und Altenpflege durch mehr informelle Leistungen

Stärkung der Generationensolidarität durch den engen täglichen Austausch zwischen Alt und Jung

Weniger Abhängigkeit von technischen Hilfsmitteln wie Pflege- und Putzroboter

RISIKEN

Aufeinandertreffen unterschiedlicher Generationen und Vorstellungen vom «richtigen» Familienleben als Zündstoff für Konflikte

Verlust der Privatsphäre der Kernfamilie

Beengte Wohnverhältnisse bei Mehrgenerationenhaushalten im urbanen Raum

Druck auf den Einzelnen, informelle Leistungen zu erbringen

ZURÜCK ZUR SIPPE

WALTER MACHT BLAU

33. MOBILES HEIM
Pensionierte Nomaden

Anstatt den Lebensabend an jenem Ort zu verbringen, an dem man zuvor gearbeitet hat, ziehen es Menschen in Auszeiten oder nach der Arbeitsphase vor, neue Orte kennenzulernen. Statt eines radikalen Auswanderungsprojekts auf die andere Seite der Erdkugel eröffnen sich neue Möglichkeiten eines Nomadentums. Man wohnt, den Jahreszeiten respektive dem persönlichen Geschmack entsprechend, dort, wo einem das Klima oder die Kultur am besten gefällt. Das Leben ist nicht mehr auf stationäre Wohnungen oder Altersheime ausgerichtet, sondern auf mobile Wohnformen, die mehr Flexibilität und Lebensqualität eröffnen.

34. EASY LIVING
Technologie als Schlüssel zur Selbstständigkeit

Gerade im Alterswohnbereich halten neue Technologien Einzug: Die Verfügbarkeit von smarten Alltagsgeräten hilft die Haushaltsarbeit zu verrichten oder pflegebedürftige Menschen zu betreuen. Im Smart Home für Senioren leben Menschen bis ins hohe Alter alleine und selbstständig. Intelligente Technologie kann nicht nur Arbeiten abnehmen und das Leben erleichtern, sondern auch durch die Gestaltung von Wohnungen die Fitness der Bewohner erhöhen.

35. WOHNGEMEINSCHAFTEN NACH INTERESSE
Gleichgesinnte zusammen

In Zukunft wohnen viele Menschen nicht mehr mit ihren Liebsten, sondern mit Gleichgesinnten – für ein konfliktfreies Zusammenleben. Dadurch entstehen neue Wohnformen entlang persönlicher Interessen und Lebensphasen. Insbesondere im höheren Lebensalter eröffnen solche Wohnformen eine hohe Lebensqualität. Senioren erleben weniger Reibung durch unterschiedliche Erwartungen von Jung und Alt. In der Sharing Community werden nicht nur Produkte und Services geteilt, sondern auch Nutzungsoptionen von Wohnungen. Wohnqualität wird nicht mehr über die Grösse und Ausstattung der Wohnung definiert, sondern über Verfügbarkeit und Zugang.

WOHNGEMEINSCHAFTEN NACH INTERESSE

NACH ZWEI JAHREN VEGANISMUS WILL
SICH JONAS BEI DER VIRTUELLEN WG BEWERBEN

WIE WIR MORGEN LEBEN // SPAREN UND VORSORGEN

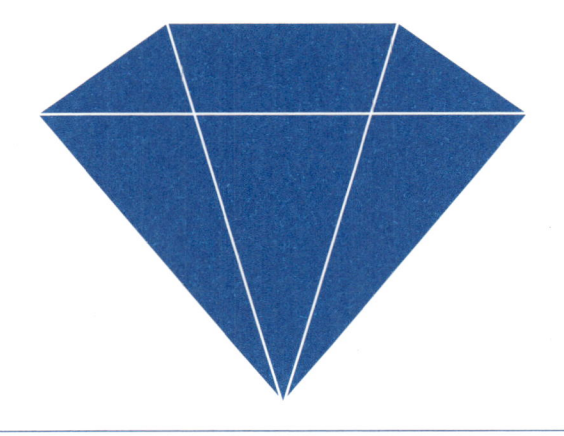

WIE WIR MORGEN SPAREN UND VORSORGEN

Als Folge der kontinuierlich steigenden Lebenserwartung und der sinkenden Geburtenrate gerät der Generationenvertrag unter Druck. Die Altersvorsorge muss den neuen Rahmenbedingungen entsprechend angepasst werden. Gefragt sind neue Modelle, die die veränderten demografischen Verhältnisse aufgreifen und dem Einzelnen mehr Verantwortung übertragen.

Die Bandbreite alternativer Vorsorgemöglichkeiten reicht von einer höheren Eigenverantwortung durch lebenslanges Sparen oder gar dem Verzicht auf externe Unterstützung durch Selbstversorgung bis hin zum Entscheid, gar nicht zu sparen – und dafür bis ins hohe Alter zu arbeiten. Insbesondere für die Erhaltung von Gesundheit und Pflege spielen weitere Sparsäulen wie eine 4. Säule oder der Abschluss einer privaten Pflegeversicherung eine wichtigere Rolle.

Nebst dem Sparen von Geld kommt auch dem Sparen von anderen Werten eine hohe Bedeutung zu. Ein Beispiel ist die Zeitbank, bei der in soziale Tätigkeiten investierte Stunden einbezahlt und bei Bedarf wieder bezogen werden – für dieselben oder andere Leistungen.

WIE WIR MORGEN LEBEN // SPAREN UND VORSORGEN

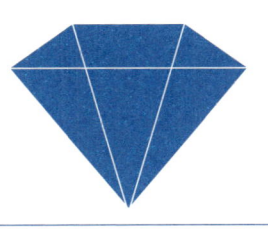

SZENARIEN FÜR LEBENSMODELLE BEIM SPAREN UND VORSORGEN

TRIEBKRÄFTE

- DIGITALISIERUNG
- NEUE WERTE
- INDIVIDUALISIERUNG
- GESUNDHEIT
- REGIONALISIERUNG

SZENARIEN

36. ZEIT SPAREN
Einzahlen in Time Banks

37. SELBSTVERSORGUNG
Sicherheit durch Autarkie

38. NICHT SPAREN
Von der Hand in den Mund leben

39. FRÜHES ERBE
Vererben, wenn es Sinn macht

40. LEBENSLANGES SPAREN
Vorsorge als Lebensprojekt

36. ZEIT SPAREN
Einzahlen in Time Banks

Der Ausspruch «Zeit ist Geld» wird Realität: Immer mehr Menschen nutzen als Alternative zum Ansparen von Geld oder materiellen Werten neue Vorsorgemodelle, bei denen nicht Geld, sondern Zeit gespart wird. Und zwar nicht erst in fortgeschrittenem Alter, sondern in jungen Jahren, wenn man noch fit genug ist, sich sozial zu engagieren. Bei sogenannten Zeitbanken wird Arbeitszeit, die für andere Menschen eingesetzt wird, dem privaten Zeitkonto gutgeschrieben und zu einem späteren Zeitpunkt «zurückbezahlt».

Die Zeit, die benötigt wird, um dem Nachbarn den Rasen zu mähen oder einen älteren Menschen zu pflegen, wird durch Leistungen, die man selbst beziehen kann, zurückerstattet. Dies ermöglicht es auch Menschen, die im offiziellen Berufsleben keine Anstellung mehr finden, ihren Fähigkeiten entsprechend vorzusorgen.

Durch Time Banks werden Dienstleistungen losgelöst von Geld und Währungsschwankungen handelbar. Durch den Austausch zwischen den unterschiedlichen Dienstleistern wird auch der soziale Zusammenhalt der Gemeinschaft gestärkt.

CHANCEN

Möglichkeit einer nicht monetären Pflegeversicherung für Zeiten der Arbeitslosigkeit

Verbesserung des sozialen Zusammenhalts durch mehr gemeinschaftliches Engagement

Entkopplung der Vorsorge von wirtschaftlichem Wachstum und Zinsen

ZEIT SPAREN

Wachsender Druck auf Jugendliche oder gar auf Kinder, die eigenen körperlichen Ressourcen zu «investieren»

Risiko eines vermehrten Ansparens von Zeit statt von ausreichend Geld für das Alter

Schwierigkeit, ungleiche Tätigkeiten zu vergleichen, sprich, zu vergüten

RISIKEN

ZEIT SPAREN

DOG WALKING
DRONE SUPPORT
COOKING
TAX RETURN

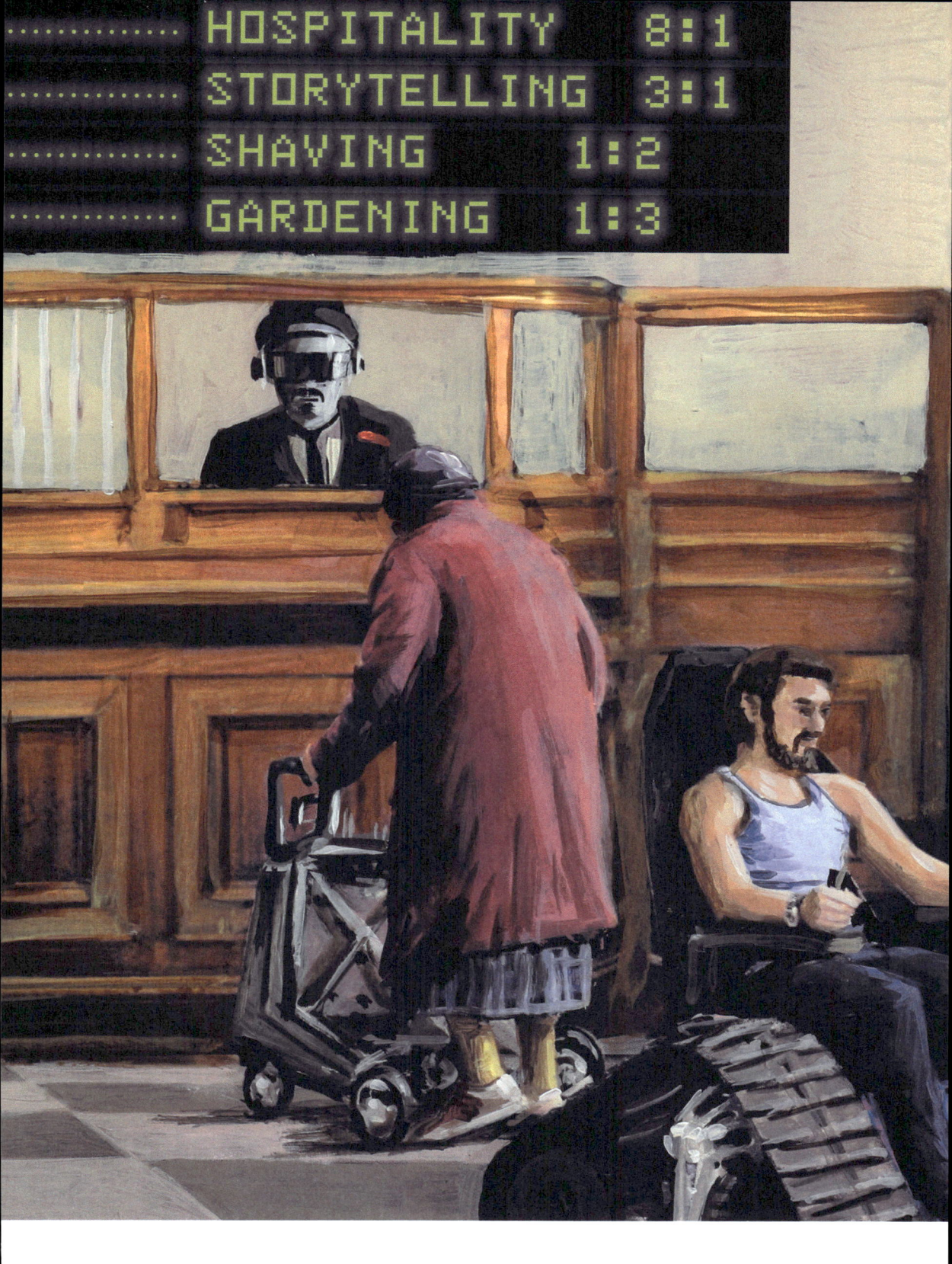

HOSPITALITY	8:1
STORYTELLING	3:1
SHAVING	1:2
GARDENING	1:3

WIE STEHT DER WECHSELKURS FÜR DOG WALKING?

37. SELBSTVERSORGUNG
Sicherheit durch Autarkie

Um sich der Unsicherheit der Finanz- und Handelsmärkte zu entziehen, setzen mehr Menschen auf Selbstversorgung. Mit dem Anbau von Lebensmitteln, dem Erwerb von Land oder der Erzeugung eigener Energie werden sichere materielle Werte als Puffer aufgebaut. In diesem Kontext können auch Sharing-Konzepte und Tauschmärkte eine Rolle spielen, in denen sich abgeschlossene Gemeinschaften selbst um ihre Infrastruktur kümmern.

38. NICHT SPAREN
Von der Hand in den Mund leben

Weil die Vorsorgesysteme unter Druck geraten und im täglichen Verdienst kaum Überschüsse bleiben, wird Sparen zum Auslaufmodell. Mit dem längeren Leben wird bis ins hohe Alter gearbeitet. Ein Ansparen von Werten wird hinfällig.

39. FRÜHES ERBE
Vererben, wenn es Sinn macht

Mit der steigenden Lebenserwartung werden auch Vermögen immer später weitergegeben. Das führt dazu, dass die Begünstigten oft selbst schon in einem hohen Alter sind und mit dem Geld nicht mehr viel anfangen können, als es ebenfalls zu sparen. Statt das Vermögen erst nach dem Tod an die nächste Generation weiterzugeben, wird künftig schon mit 50 oder 60 vererbt – soweit überschüssiges Vermögen nicht mehr benötigt wird. So können Erben mehr finanzielle Mittel schon während des Lebens aktivieren. Für Erblasser bedeutet dies aber, den eigenen Mittelbedarf bis zum Tod besser abzuschätzen und zu planen.

40. LEBENSLANGES SPAREN
Vorsorge als Lebensprojekt

Aufgrund der höheren Lebenserwartung gewinnt die finanzielle Vorsorge an Bedeutung. Sie begleitet den Lebensweg eines Menschen von Lebensbeginn an – und nicht erst wie heute ab dem 30. oder 40. Altersjahr. Insbesondere für Leistungen rund um die Erhaltung von Gesundheit und Pflege spielen weitere Sparsäulen wie eine 4. Säule eine wichtigere Rolle.

LEBENSLANGES SPAREN

DER BEGINN EINER WUNDERBAREN FREUNDSCHAFT

WIE WIR MORGEN ABSCHIED NEHMEN

Die steigende Lebenserwartung schiebt den Zeitpunkt des Todes auf. Auch der medizinische Fortschritt zögert das Sterben hinaus und gestaltet die Zeit davor weniger schmerzhaft. Googles Projekt zur Überwindung des Todes lässt uns sogar von der Unsterblichkeit träumen.

Während die einen nach Unsterblichkeit und Schmerzlosigkeit streben, akzeptieren andere die eigene Endlichkeit und wollen sie bewusst und aktiv prägen. In Zukunft nehmen wir so selbstbestimmt und individuell wie möglich Abschied vom eigenen Leben.

Entsprechend reicht die Bandbreite der Szenarien beim Sterben von der Erwartungshaltung, noch älter zu werden, bis hin zum Wunsch, die Endlichkeit und den Tod ins eigene Leben zu integrieren. Bei Letzterem ist es denn auch weniger die hoch technologisierte Medizin, die an Bedeutung gewinnt, als die Palliativpflege, eine Pflegeform zur Wahrung der Würde und Lebensqualität während der letzten Lebensphasen und beim Sterben.

Obschon die Wahrscheinlichkeit äusserst gering ist, dass die Technologie jemals den Tod austricksen wird, macht sie unser digitales Selbst bereits heute unsterblich. Wie wir damit umgehen und was wir von uns hinterlassen wollen, auch diese Fragen werden zum Gegenstand persönlicher Entscheidung.

WIE WIR MORGEN LEBEN // ABSCHIED NEHMEN

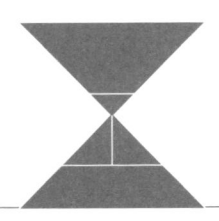

SZENARIEN FÜR LEBENSMODELLE BEIM ABSCHIEDNEHMEN

TRIEBKRÄFTE

- DIGITALISIERUNG
- NEUE WERTE
- INDIVIDUALISIERUNG
- GESUNDHEIT
- REGIONALISIERUNG

SZENARIEN

41. DER FRÜHZEITIGE ABSCHIED
Selbstbestimmt aus dem Leben gehen

42. DIGITALE UNSTERBLICHKEIT
«I will survive»

43. AKZEPTIERTE ENDLICHKEIT
Sterben gehört zum Leben dazu

44. STREBEN NACH UNSTERBLICHKEIT
Den Tod überwinden

41. DER FRÜHZEITIGE ABSCHIED
Selbstbestimmt aus dem Leben gehen

Der Tod wird nicht mehr als schicksalhaftes, jähes Ende des Leidens verstanden, sondern als bewusster Entscheid für einen würdevollen und selbstbestimmten Abschluss der eigenen Existenz. Wenn eine schwere Krankheit diagnostiziert wird, entscheiden sich immer mehr Menschen für das Sterben vor dem Leiden. Anstatt den Tod bis zuletzt mit anspruchsvollen und teuren Therapien zu bekämpfen und um wenige Monate zu verzögern, wollen viele die letzten Tage bewusst verbringen.

Doch auch Menschen ohne Krankheit entscheiden sich freiwillig, zu gehen: Beispielsweise wenn die eigenen Lebensziele erreicht sind oder man gemeinsam mit dem Partner aus dem Leben scheiden möchte. In der Folge ist der Abschied weniger durch Fremdbestimmung geprägt, sondern persönlich gestaltet. Den eigenen Sterbetermin zu buchen wird so alltäglich wie die Ankündigung einer Hochzeit. Das eigene Ableben wird sorgfältig geplant und zelebriert, mit Freunden, der Lieblingsmahlzeit und -musik sowie der Erfüllung letzter Wünsche oder der Versöhnung mit Verwandten. Der Abschied wird zur Zeremonie, die wie in anderen Kulturen auch gefeiert wird. Parallel entsteht eine Kommerzialisierung des Todes, die eine Marktlücke im Gesundheitsmarkt eröffnet.

CHANCEN

Enttabuisierung des Todes und sinkende Angst in der Gesellschaft davor

Weniger gesellschaftliche Isolation von Kranken und Sterbenden

Rückläufige Alterung der Gesellschaft

DER FRÜHZEITIGE ABSCHIED

RISIKEN

Entstehung einer Klassengesellschaft: Einen schönen Tod muss man sich leisten können

Kommerzialisierung des Todes; Sterben wird Konsum

Zunehmender Druck auf Kranke und Alte, sich vom Leben zu verabschieden

DER FRÜHZEITIGE ABSCHIED

ELLIE UND ALFRED GEHEN, WENN ES AM SCHÖNSTEN IST

42. DIGITALE UNSTERBLICHKEIT
«I will survive»

Wenngleich der Tod nicht überwunden werden kann, wächst der Wunsch, die eigenen Spuren und Erinnerungen an Nachkommen weiterzugeben. Im digitalen Raum gelten eigene Gesetze. Einträge im Internet verblassen nicht, sondern bleiben für immer erhalten. Profile in sozialen Medien können auch nach dem Tod gepflegt werden. Hieraus wächst das Bedürfnis nach selbstbestimmter Verewigung und Überleben in der digitalen Welt. Langfristig wäre es sogar denkbar, Erinnerungen aus dem biologischen in ein künstliches Hirn zu transferieren und so in einem technischen Gebilde weiterzuleben.

43. AKZEPTIERTE ENDLICHKEIT
Sterben gehört zum Leben dazu

Als Gegenmodell zum Streben nach Unendlichkeit wird der Tod als notwendiger und unumgänglicher Teil des Lebens betrachtet. Die Palliativpflege ermöglicht eine ganzheitliche Betreuung, die auf eine würdevolle Erhaltung der Lebensqualität ausgerichtet ist und nicht auf den unbedingten Erhalt des Lebens. Im Kern dieses Lebensmodells steht eine kontinuierliche Auseinandersetzung mit dem Altwerden und Sterben.

44. STREBEN NACH UNSTERBLICHKEIT
Den Tod überwinden

Die Überwindung des Todes ist einer der ältesten Träume der Menschheit. Durch den medizinischen Fortschritt wird der Alterungsprozess weiter verlangsamt. Heute sind viele tödliche Krankheiten behandel- oder gar heilbar. In ferner Zukunft wird es vielleicht möglich sein, das Sterben ganz zu stoppen. Mit der in Aussicht gestellten Abschaffung des Todes und dem Fortschritt der Spitzenmedizin definiert die Gesellschaft das Altern als Krankheit und das Sterben als Versagen. Beides wird durch Arzneimittel bekämpft. Die soziale Erwartungshaltung, immer noch älter zu werden, steigt und wird zum Ziel von immer mehr Menschen.

STREBEN NACH UNSTERBLICHKEIT

SEIT SICH GROSSVATER DIGITALISIERT HAT,
IST ER GANZ ERTRÄGLICH

DIE NEUEN LEBENSMODELLE AUS SICHT DER BEVÖLKERUNG

Karriere per Lebensabschnitt? Eine Beziehung mit künstlicher Intelligenz? Wohnen mit den Urgrosseltern? Streben nach Unsterblichkeit? Wie realistisch sind die neuen Gestaltungsräume des langen Lebens? Und vor allem: wie wünschenswert? Die Schweizer Bevölkerung wurde in einer repräsentativen Umfrage dazu angehalten, ihre Meinung zu einigen Szenarien zu äussern.*

Es lassen sich vier zentrale Erkenntnisse ableiten:

1) ES HERRSCHT EINE HOHE DISKREPANZ ZWISCHEN WÜNSCH- UND MACHBARKEIT

Nur ein Drittel der Befragten erachtet die Gesamtheit aller Szenarien als wünschbar (33 Prozent), aber knapp die Hälfte (47 Prozent) als realistisch. Die logische Schlussfolgerung: Wir glauben auf eine Zukunft zuzusteuern, die wir nicht wollen. Gleichzeitig wird vieles, was wünschbar ist, als noch in weiter Ferne betrachtet. Die Rahmenbedingungen für ein flexibles Leben müssen erst geschaffen werden.

2) SZENARIEN, DIE EINE FLEXIBILISIERUNG VON ARBEIT UND FREIZEIT ANSTREBEN, SIND BESONDERS BELIEBT

Die Schweizer wünschen sich Karrieren nach Lebensabschnitt und regelmässige Auszeiten. Ihre Gründe: Die Weiterentwicklung von Interessen über die Dauer eines Lebens, höhere Produktivität durch Auszeiten und Karrierewechsel sowie Burn-out-Prävention. Allerdings wird die Realisierbarkeit in der Praxis unterschiedlich eingeschätzt.

---

* BEVÖLKERUNGSUMFRAGE:

ERHEBUNGSPHASE: 27. Mai bis 6. Juni 2016

ZIELGRUPPE: Sprachassimilierte Personen in der Deutsch- und Westschweiz im Alter von 18 bis 79 Jahren, die mindestens einmal wöchentlich zu privaten Zwecken im Internet sind

ANZAHL INTERVIEWS: n = 1018 Interviews

METHODE: LINK Internet-Panel mit 120 000 telefonisch rekrutierten, aktiven Mitgliedern

3) EINE WEITERE TECHNOLOGISIERUNG DES ALLTAGS WIRD NEGATIV BEWERTET

Szenarien, die stark durch Technologie geprägt sind, werden deutlicher abgelehnt als andere. Dabei spielen die Angst vor einer Verschmelzung von Mensch und Maschine sowie eine zu hohe Abhängigkeit von der Technologie eine zentrale Rolle. Gleichzeitig wurden die technologiefokussierten Lebensmodelle als realistische Zukunftsvision empfunden.

4) BEI ZWISCHENMENSCHLICHEN BEZIEHUNGEN WÜNSCHT MAN SICH ALTE NORMEN ZURÜCK

Zurück zur Sippe und monogame Liebe: Das Leben im Mehrgenerationenhaushalt ist das meistgewünschte Szenario (73 Prozent Befürworter); mehr als 80 Prozent bevorzugen eine lebenslange Bindung gegenüber von sequenziellen Partnerschaften. Fast 60 Prozent glauben aber, Letztere würden in Zukunft stark an Bedeutung gewinnen – im Unterschied zur monogamen Liebe.

Die hohe Diskrepanz zwischen Wünschbarkeit und Realisierbarkeit, die Angst vor einer zu starken Technologisierung des Alltags und die generell traditionelle Haltung, selbst bei jungen Menschen, definieren den Handlungsraum der Zukunft.

Wenn wir im Übermorgen nicht nur länger, sondern auch länger besser leben, müssen wir die Weichen so stellen, dass was wünschbar ist auch machbar wird. Und umgekehrt, dass was machbar auch wünschbar ist (vgl. Kapitel «Was wir tun können»).

ÜBERSICHT ÜBER DIE BEWERTETEN SZENARIEN

Wünschenswert

Nicht realistisch — Realistisch

- Rückkehr zum Mehrgenerationenhaushalt
- Karriere per Lebensabschnitt
- Regelmässige Auszeiten
- Sicherheit durch Unabhängigkeit
- Streben nach Unsterblichkeit
- Das Ende der Perfektion
- Eine Beziehung für jeden Lebensabschnitt
- Beziehung mit künstlicher Intelligenz
- Kinder mit 60 bekommen

Nicht wünschenswert

ELTERN WERDEN
IN DER ZWEITEN LEBENSHÄLFTE
Kinder erziehen im Ruhestand

Die Idee einer späten Elternschaft stösst auf wenig Begeisterung. Nur 4 Prozent betrachten das Szenario als wünschenswert und realisierbar. Eine grosse Mehrheit möchte nicht so leben und denkt auch nicht, dass dies in Zukunft möglich sein wird. Dies betrifft vor allem die älteren Befragten: Die jüngeren sehen das Szenario als realistischer. Die Begründungen sind einheitlich: Die Hälfte all jener, die das Szenario ablehnen, sieht das Hauptproblem im zu grossen Altersunterschied, der dazu führen könnte, dass Eltern und Kinder in verschiedenen Lebenswelten aufwachsen. Allerdings beruht diese Ablehnung auf der heutigen Vorstellung von älteren Menschen mit Gebrechen und kürzerer Lebenserwartung. Das Unbehagen gegenüber dem Aufheben der biologischen Grenzen ist ein weiterer Grund, der bei einigen anderen Szenarien ebenfalls auftaucht.

EINE SPÄTE ELTERNSCHAFT FINDET WENIG ANKLANG IN DER BEVÖLKERUNG, WIRD ABER ALS WAHRSCHEINLICH ERACHTET.

Gesamtübersicht zu Wünschbarkeit und Realisierbarkeit des Szenarios «Eltern mit 60» in der Schweizer Bevölkerung [n = 978]

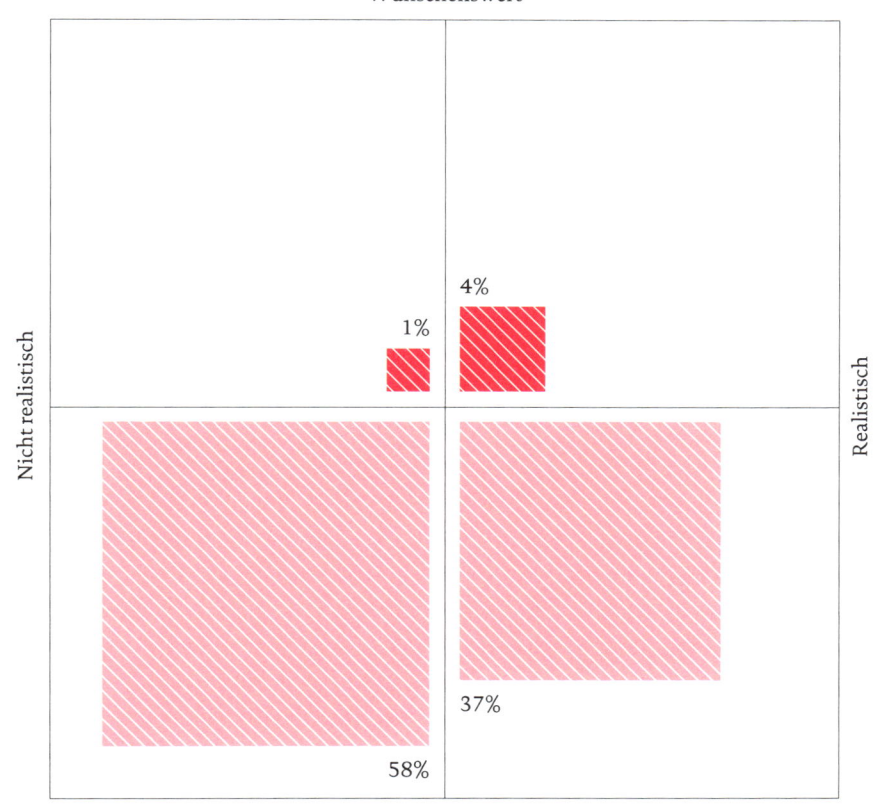

	Wünschenswert	
Nicht realistisch		1%	4%
	58%	37%
	Nicht wünschenswert	Realistisch

WIE WIR MORGEN LEBEN // LEBENSMODELLE AUS SICHT DER BEVÖLKERUNG
Eltern werden in der zweiten Lebenshälfte

REIFE ELTERN SIND GUT FÜR DAS KIND, DOCH MIT 60 IST ES ZU SPÄT.

Angegebene Gründe für das Szenario «Eltern mit 60»
nach Häufigkeit der Nennung

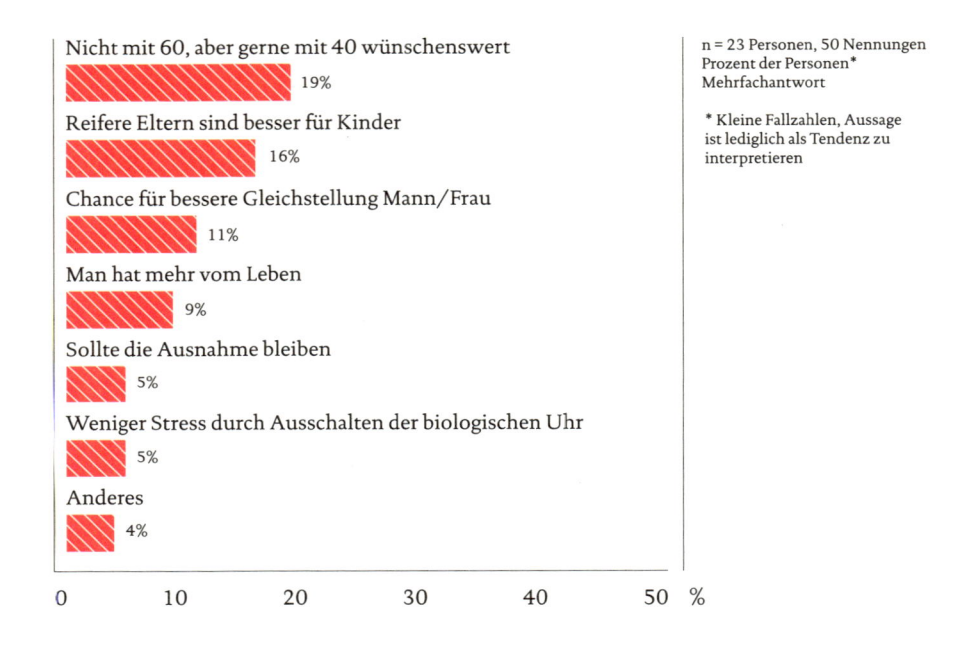

Nicht mit 60, aber gerne mit 40 wünschenswert 19%
Reifere Eltern sind besser für Kinder 16%
Chance für bessere Gleichstellung Mann/Frau 11%
Man hat mehr vom Leben 9%
Sollte die Ausnahme bleiben 5%
Weniger Stress durch Ausschalten der biologischen Uhr 5%
Anderes 4%

n = 23 Personen, 50 Nennungen
Prozent der Personen*
Mehrfachantwort

* Kleine Fallzahlen, Aussage ist lediglich als Tendenz zu interpretieren

EINE SPÄTE ELTERNSCHAFT FÜHRT ZU GENERATIONENKONFLIKTEN UND DEM RISIKO, NICHT FÜR DAS KIND SORGEN ZU KÖNNEN.

Angegebene Gründe gegen das Szenario «Eltern mit 60» nach Häufigkeit der Nennung

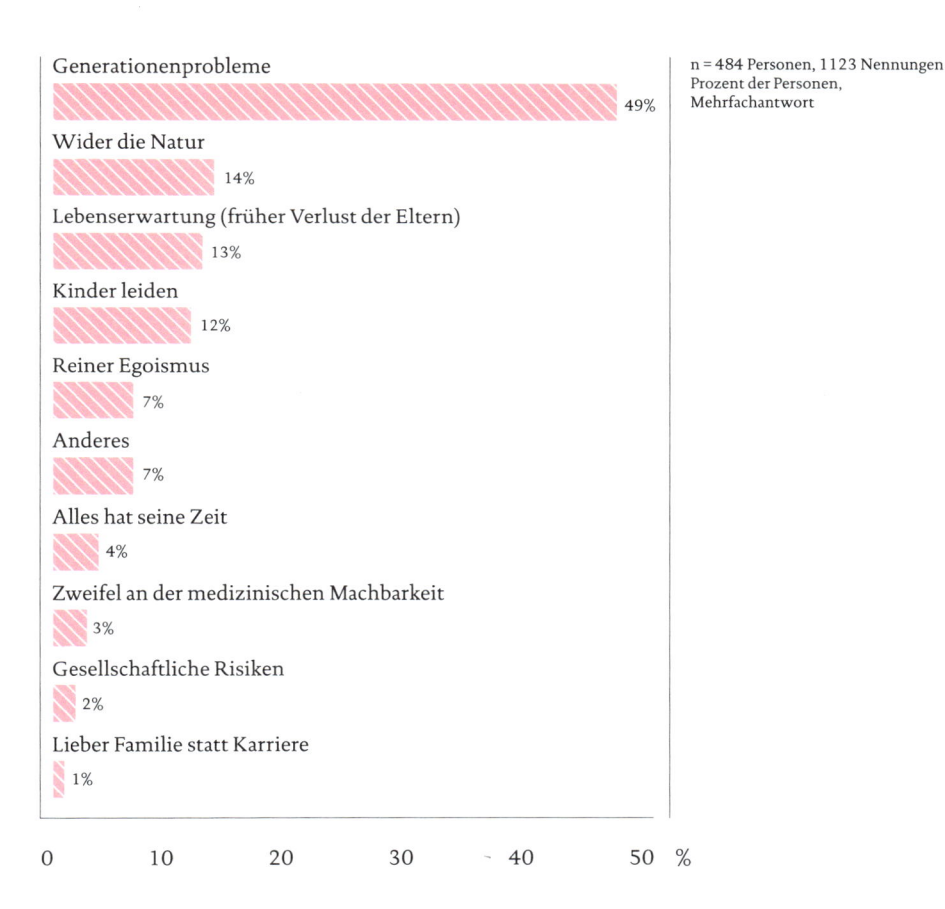

- Generationenprobleme — 49%
- Wider die Natur — 14%
- Lebenserwartung (früher Verlust der Eltern) — 13%
- Kinder leiden — 12%
- Reiner Egoismus — 7%
- Anderes — 7%
- Alles hat seine Zeit — 4%
- Zweifel an der medizinischen Machbarkeit — 3%
- Gesellschaftliche Risiken — 2%
- Lieber Familie statt Karriere — 1%

n = 484 Personen, 1123 Nennungen
Prozent der Personen, Mehrfachantwort

SEQUENZIELLE PARTNERSCHAFTEN
Eine Beziehung für jeden Lebensabschnitt

Wenig andere Szenarien werden so eindeutig abgelehnt wie das der sequenziellen Partnerschaft. Das Ideal der Monogamie scheint auch in Zukunft ungebrochen. Ganze 82 Prozent sprechen sich gegen mehrere Partnerschaften aus. Die Hauptgründe: fehlende Nähe und die Ansicht, dass Liebe nur über die Jahre heranwachsen kann. Gleichzeitig erachtet über die Hälfte der Befragten das Szenario als eine realistische Weiterführung der bereits heute hohen Trennungs- und Scheidungsrate. Knapp ein Fünftel würde Beziehungen pro Lebensabschnitt begrüssen, weil sie der persönlichen Entfaltung eines Menschen besser entsprächen und den Druck verringerten, das ganze Leben mit demselben Menschen zu verbringen. Die Befürworter dieses Szenarios sind in der Tendenz höher ausgebildet und vertreten eine liberale Haltung.

DIE BEVÖLKERUNG WÜNSCHT SICH MEHR STABILITÄT IN SACHEN LIEBE, SIEHT DIESE ABER IN ZUKUNFT STÄRKER BEDROHT.

Gesamtübersicht zu Wünschbarkeit und Realisierbarkeit des Szenarios «Sequenzielle Partnerschaften» in der Schweizer Bevölkerung [n = 932]

Wünschenswert

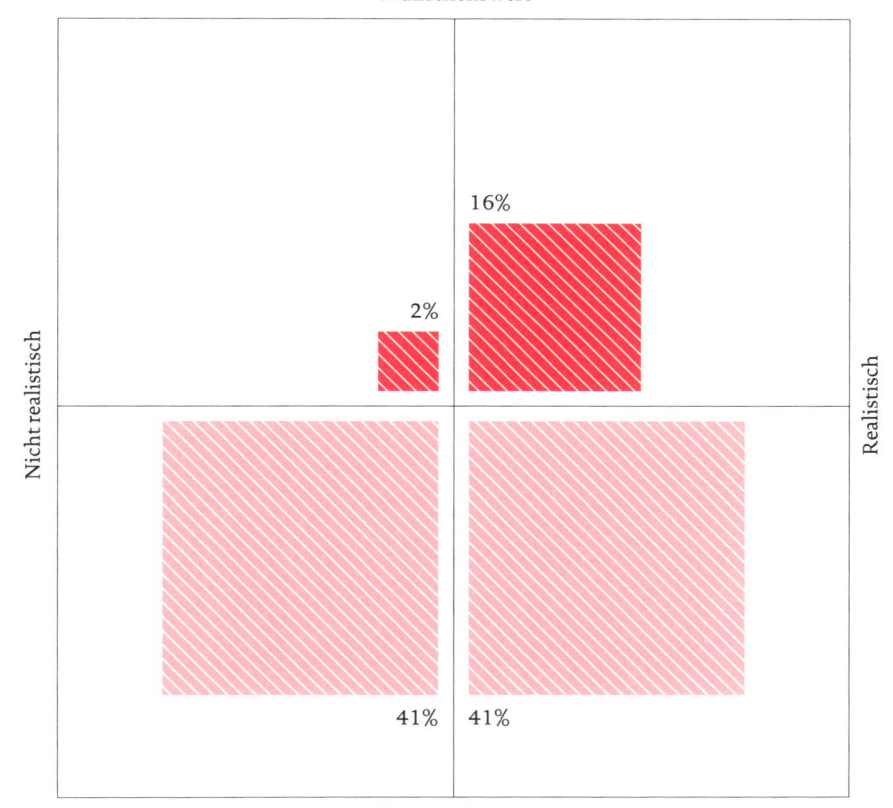

Nicht realistisch — 2% | 16% — Realistisch

41% | 41%

Nicht wünschenswert

WIE WIR MORGEN LEBEN // LEBENSMODELLE AUS SICHT DER BEVÖLKERUNG
Sequenzielle Partnerschaften

MEHRERE PARTNERSCHAFTEN ENTSPRECHEN DEM MODERNEN, FLEXIBLEN MENSCHEN.

Angegebene Gründe für das Szenario «Sequenzielle Partnerschaften» nach Häufigkeit der Nennung

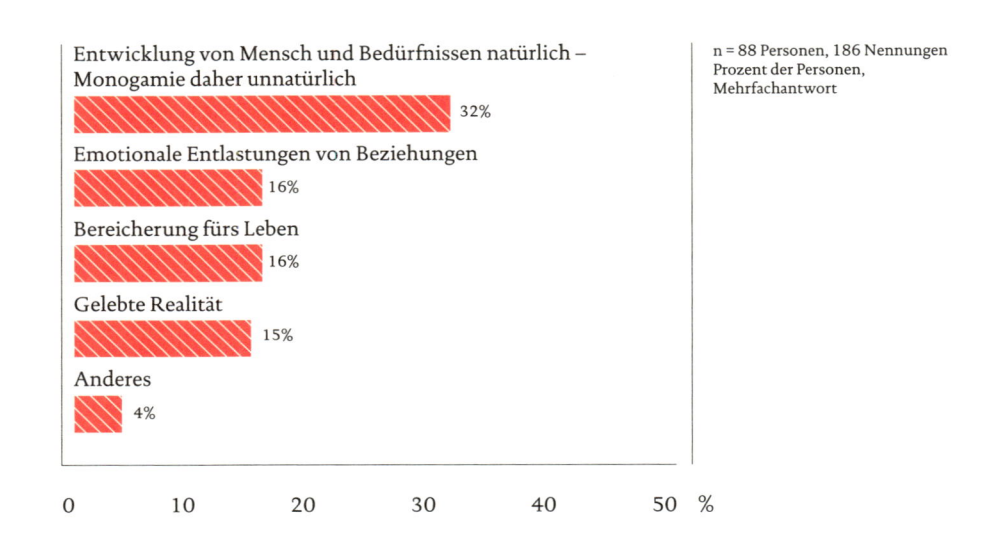

Entwicklung von Mensch und Bedürfnissen natürlich – Monogamie daher unnatürlich: 32%
Emotionale Entlastungen von Beziehungen: 16%
Bereicherung fürs Leben: 16%
Gelebte Realität: 15%
Anderes: 4%

n = 88 Personen, 186 Nennungen
Prozent der Personen, Mehrfachantwort

DIE LIEBE BRAUCHT ZEIT, UM ZU WACHSEN.

Angegebene Gründe gegen das Szenario «Sequenzielle Partnerschaften» nach Häufigkeit der Nennung

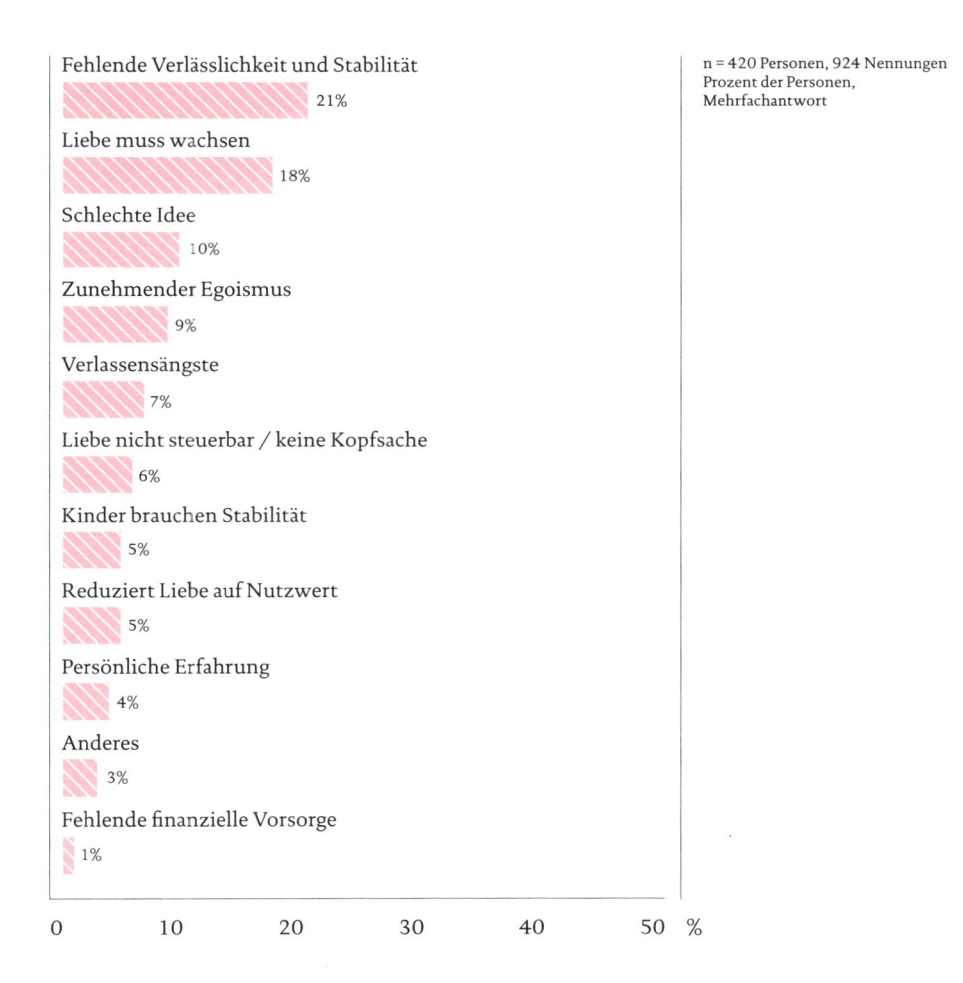

n = 420 Personen, 924 Nennungen
Prozent der Personen, Mehrfachantwort

Fehlende Verlässlichkeit und Stabilität: 21%
Liebe muss wachsen: 18%
Schlechte Idee: 10%
Zunehmender Egoismus: 9%
Verlassensängste: 7%
Liebe nicht steuerbar / keine Kopfsache: 6%
Kinder brauchen Stabilität: 5%
Reduziert Liebe auf Nutzwert: 5%
Persönliche Erfahrung: 4%
Anderes: 3%
Fehlende finanzielle Vorsorge: 1%

KARRIERE PER LEBENSABSCHNITT
Karriere als Evolution

Über 60 Prozent wünschen sich ein solches Arbeits- und Ausbildungsmodell. Sie begrüssen die neuen Impulse, die sich dadurch im Leben ergäben und sehen dadurch auch ökonomische Potenziale. Des Weiteren entsprächen mehrere Karrieren dem modernen Menschen, dessen Interessen und Wünsche sich über den Verlauf des Lebens veränderten. Das Szenario wird in der Folge nicht nur als wünschenswert, sondern auch als durchaus realistisch erachtet.

Das Gegenteil glauben die Gegner einer solchen Zukunft: Sie befürchten einen Mangel an Fachkräften und eine weitere Überforderung des Einzelnen. Vor allem jüngere Menschen sprechen sich gegen mehrere Karrieren aus. Älteren hingegen erscheint die Möglichkeit, nochmal von vorne zu beginnen, als attraktiv. Und: Je zufriedener mit dem eigenen Leben, desto negativer wird das Szenario bewertet.

DIE IDEE MEHRERER KARRIEREN PRO LEBEN FINDET ANKLANG IN DER BEVÖLKERUNG: SIE GILT ALS WÜNSCH- UND REALISIERBAR.

Gesamtübersicht zu Wünschbarkeit und Realisierbarkeit des Szenarios «Karriere per Lebensabschnitt» in der Schweizer Bevölkerung [n = 964]

Wünschenswert

47%

14%

Nicht realistisch — Realistisch

26%

13%

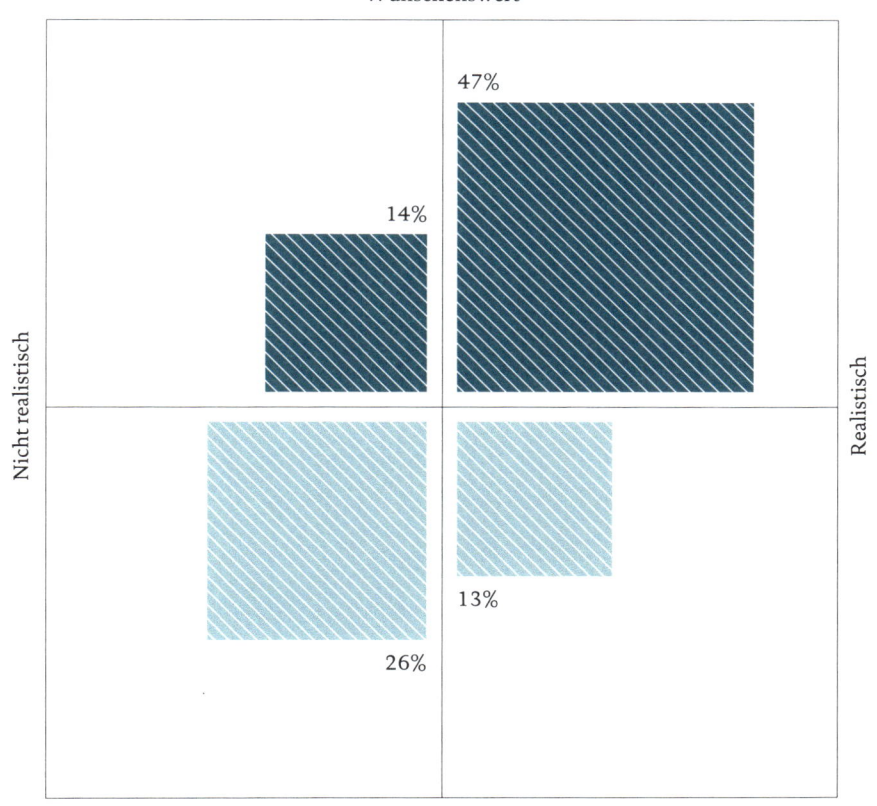

Nicht wünschenswert

WIE WIR MORGEN LEBEN // LEBENSMODELLE AUS SICHT DER BEVÖLKERUNG
Karriere per Lebensabschnitt

MEHRERE KARRIEREN ENTSPRECHEN DER INDIVIDUELLEN ENTFALTUNG UND LIEFERN NEUE IMPULSE.

Angegebene Gründe für das Szenario «Karriere per Lebensabschnitt» nach Häufigkeit der Nennung

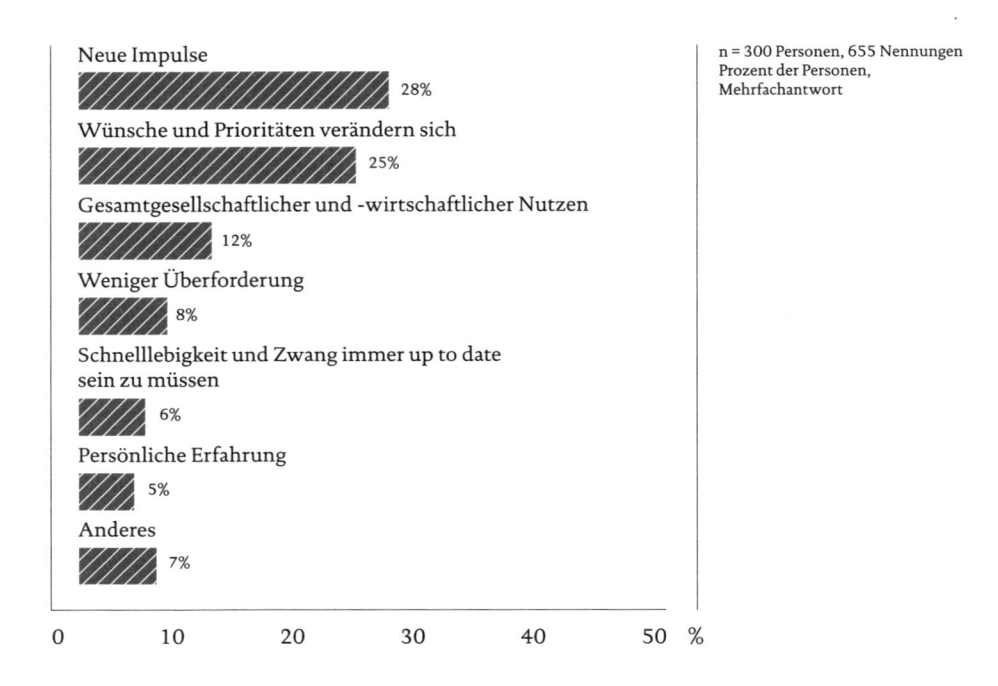

n = 300 Personen, 655 Nennungen
Prozent der Personen, Mehrfachantwort

- Neue Impulse: 28%
- Wünsche und Prioritäten verändern sich: 25%
- Gesamtgesellschaftlicher und -wirtschaftlicher Nutzen: 12%
- Weniger Überforderung: 8%
- Schnelllebigkeit und Zwang immer up to date sein zu müssen: 6%
- Persönliche Erfahrung: 5%
- Anderes: 7%

MEHRERE KARRIEREN FÜHREN ZU EINEM RÜCKGANG AN EXPERTENWISSEN UND ÜBERFORDERUNG DES EINZELNEN.

Angegebene Gründe gegen das Szenario «Karriere per Lebensabschnitt» nach Häufigkeit der Nennung

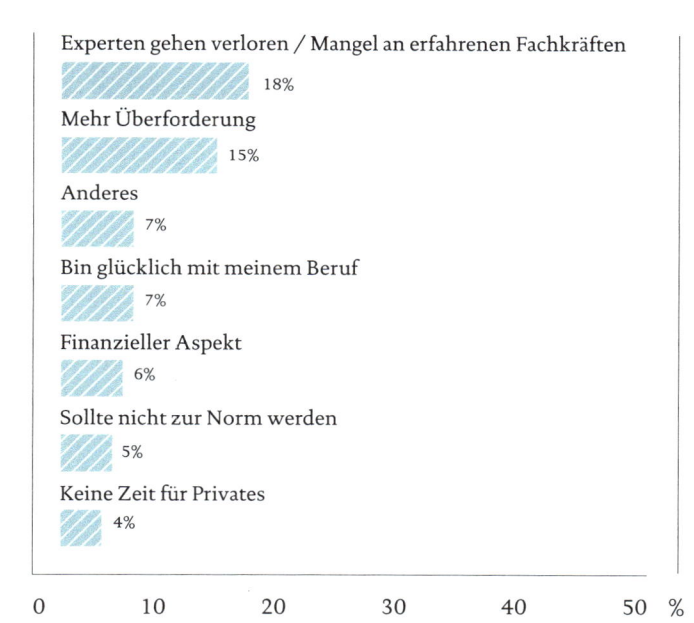

Experten gehen verloren / Mangel an erfahrenen Fachkräften: 18%
Mehr Überforderung: 15%
Anderes: 7%
Bin glücklich mit meinem Beruf: 7%
Finanzieller Aspekt: 6%
Sollte nicht zur Norm werden: 5%
Keine Zeit für Privates: 4%

n = 208 Personen, 435 Nennungen
Prozent der Personen, Mehrfachantwort

SIEGESZUG DER SELBSTVERSORGER
Autarke Karrieren

Eine deutliche Mehrheit der Befragten erachtet das Szenario der Autarkie als nicht wünschenswert. Die meisten darunter sind der Ansicht, dass ein solches Leben zu stark von Technologie geprägt ist. Auch führe es zu sozialer Isolation und sei generell zu rückwärtsgewandt. Gleichzeitig erachtet fast die Hälfte ein autarkes Leben als realistische Weiterführung des Do-it-yourself-Trends. Die Befürworter des Szenarios begrüssen den sparsamen Umgang mit den Ressourcen und die damit verbundene Bekämpfung sozialer Ungerechtigkeit. Auch die regionale Produktion sowie vertrauenswürdige Wertschöpfungsketten werden als Gründe für ein autarkes Leben angegeben.

OBSCHON DIE SELBSTVERSORGUNG NICHT ALLZU GROSSEN ANKLANG IN DER BEVÖLKERUNG FINDET, WIRD SIE ALS VERHÄLTNISMÄSSIG REALISTISCH BETRACHTET.

Gesamtübersicht zu Wünschbarkeit und Realisierbarkeit des Szenarios «Siegeszug der Selbtversorger» in der Schweizer Bevölkerung [n = 917]

Wünschenswert

27%

10%

Nicht realistisch

Realistisch

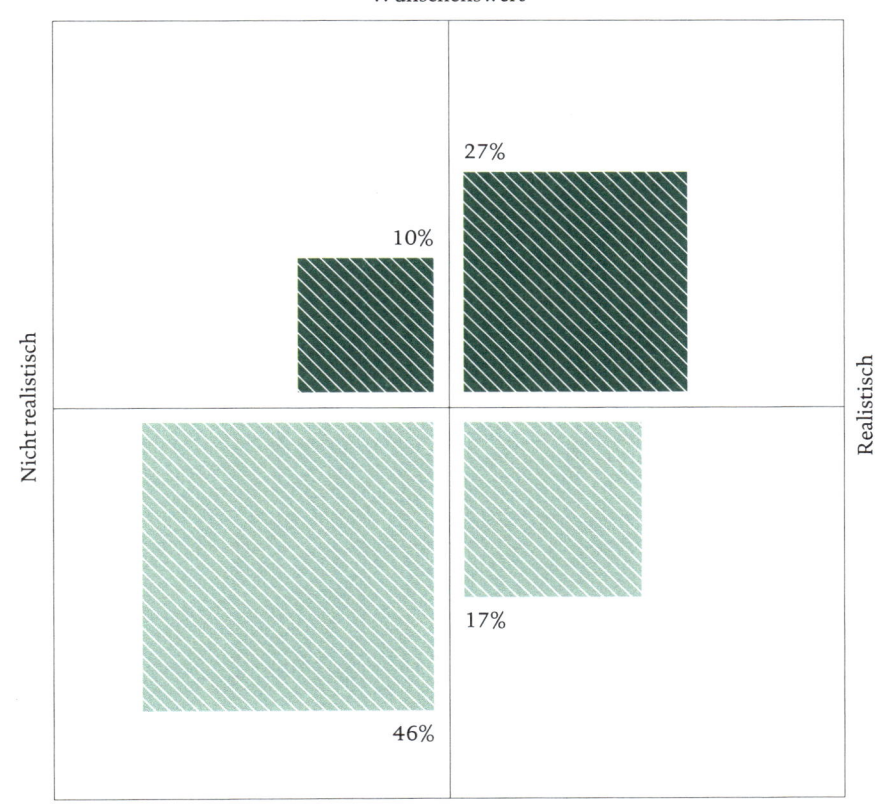

17%

46%

Nicht wünschenswert

SELBSTVERSORGER VERBESSERN RESSOURCENKNAPPHEIT UND SOZIALE UNGERECHTIGKEIT.

Angegebene Gründe für das Szenario «Siegeszug der Selbstversorger» nach Häufigkeit der Nennung

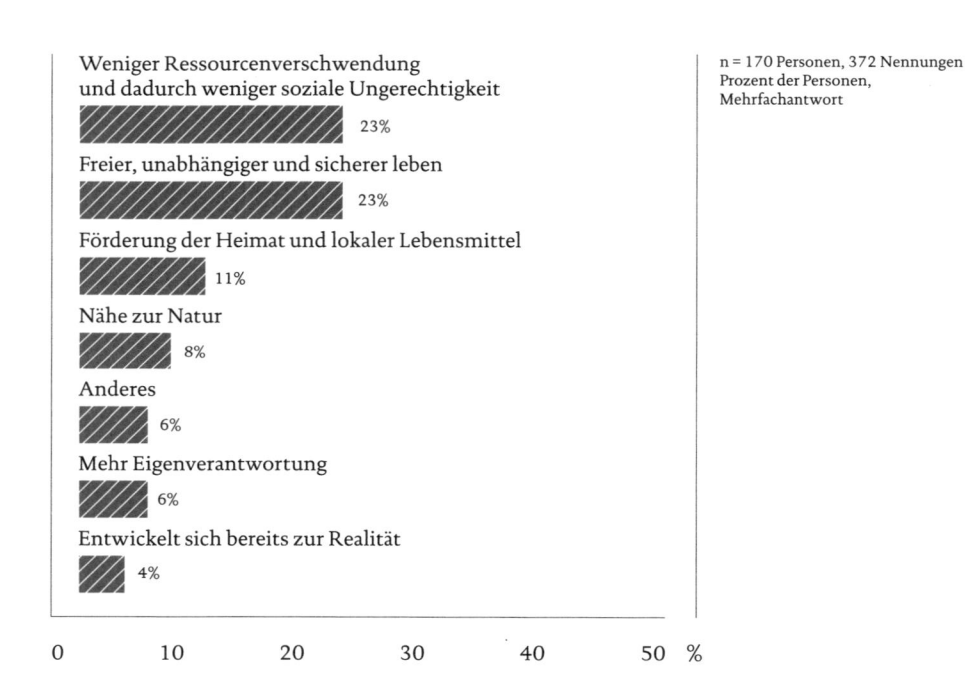

n = 170 Personen, 372 Nennungen
Prozent der Personen, Mehrfachantwort

- Weniger Ressourcenverschwendung und dadurch weniger soziale Ungerechtigkeit — 23%
- Freier, unabhängiger und sicherer leben — 23%
- Förderung der Heimat und lokaler Lebensmittel — 11%
- Nähe zur Natur — 8%
- Anderes — 6%
- Mehr Eigenverantwortung — 6%
- Entwickelt sich bereits zur Realität — 4%

EIN AUTARKES LEBEN IST ZU TECHNOLOGIEBESTIMMT UND MACHT EINSAM.

Angegebene Gründe gegen das Szenario «Siegeszug der Selbstversorger» nach Häufigkeit der Nennung

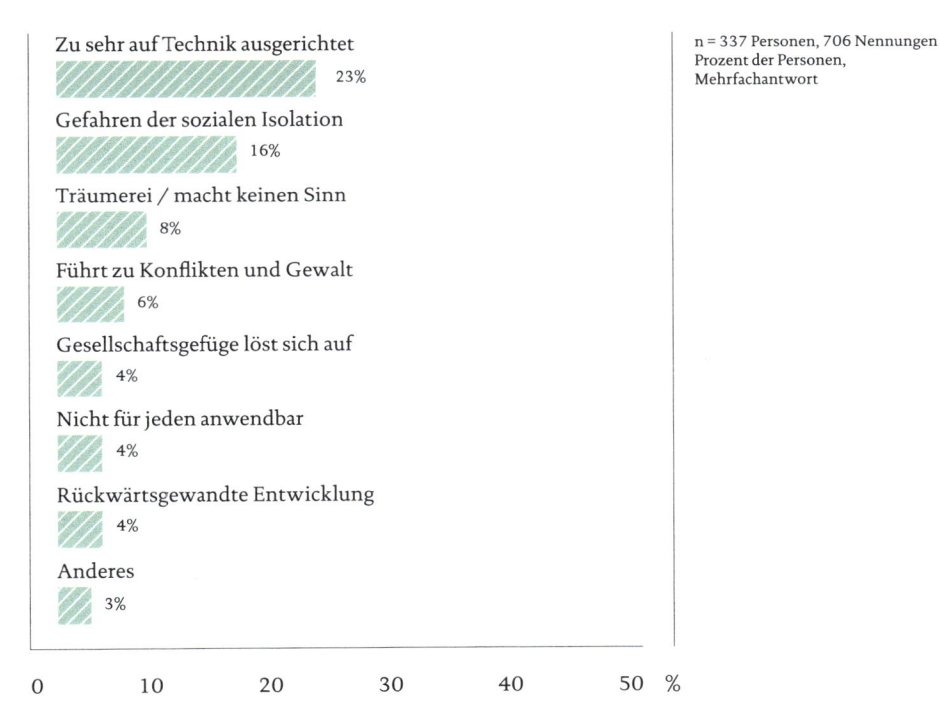

Grund	%
Zu sehr auf Technik ausgerichtet	23%
Gefahren der sozialen Isolation	16%
Träumerei / macht keinen Sinn	8%
Führt zu Konflikten und Gewalt	6%
Gesellschaftsgefüge löst sich auf	4%
Nicht für jeden anwendbar	4%
Rückwärtsgewandte Entwicklung	4%
Anderes	3%

n = 337 Personen, 706 Nennungen
Prozent der Personen, Mehrfachantwort

VORBEZUG PENSIONIERUNG
Regelmässige Auszeiten

Über die Hälfte der Befragten spricht sich für einen Vorbezug der Pensionierung und regelmässige Auszeiten aus. Das Hauptargument der Befürworter ist das Tanken von Energie für die Mitarbeitenden und, als Folge, ein Schutz vor dem sogenannten «Ausbrennen». Auch sind sie der Meinung, dass man dadurch mehr Lebensqualität gewinnt. Das Kennenlernen von betriebsfernen Tätigkeiten wird nicht nur als Gewinn für den Einzelnen, sondern auch für das Unternehmen angesehen.

Allerdings erachten nur 41 Prozent das Szenario als realisierbar. Dies ist auch ein Hauptargument der 44 Prozent, die sich dagegen aussprechen: Sie erachten es schlicht als nicht umsetzbar. Weiterer Grund ist die Ansicht, dass man im Alter die verdiente Ruhe geniessen soll und vor allem für körperliche Arbeit schlicht «zu alt» ist.

DIE MENSCHEN WÜNSCHEN SICH REGELMÄSSIGE AUSZEITEN, ERACHTEN ABER DIE GESELLSCHAFTLICHEN UND WIRTSCHAFTLICHEN RAHMENBEDINGUNGEN ALS HINDERNIS.

Gesamtübersicht zu Wünschbarkeit und Realisierbarkeit des Szenarios «Vorbezug Pensionierung» in der Schweizer Bevölkerung [n = 971]

Wünschenswert

23%
33%

Nicht realistisch | Realistisch

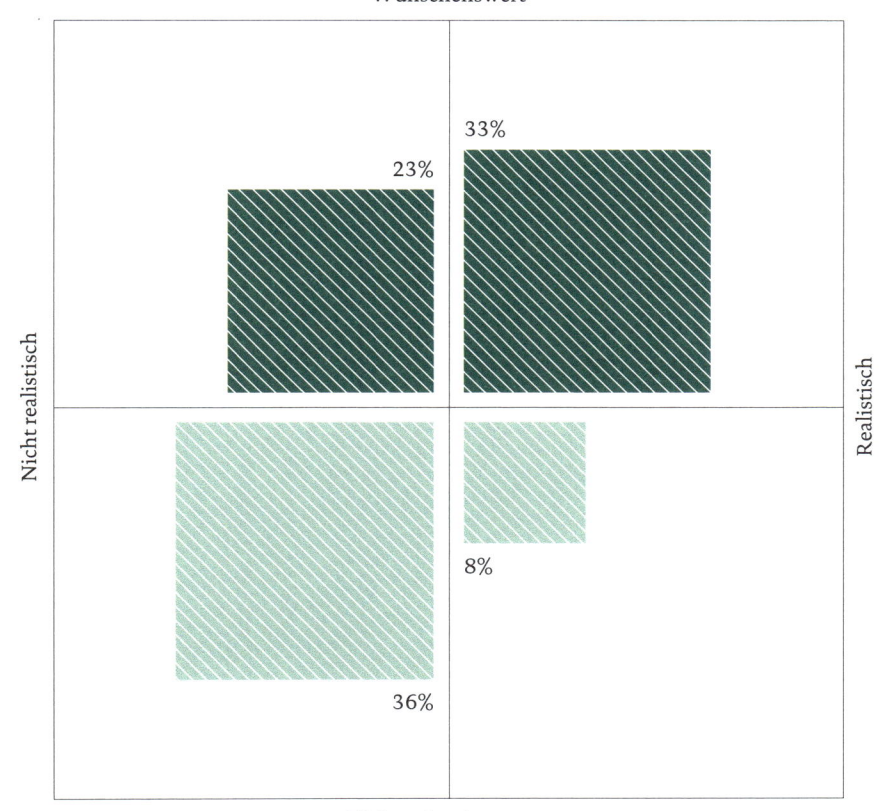

36%
8%

Nicht wünschenswert

WIE WIR MORGEN LEBEN // LEBENSMODELLE AUS SICHT DER BEVÖLKERUNG
Vorbezug Pensionierung

REGELMÄSSIGE AUSZEITEN ERMÖGLICHEN ES UNS, LÄNGER FIT ZU BLEIBEN UND ERHÖHEN AUCH DIE WIRTSCHAFTLICHE PRODUKTIVITÄT.

Angegebene Gründe für das Szenario «Vorbezug Pensionierung» nach Häufigkeit der Nennung

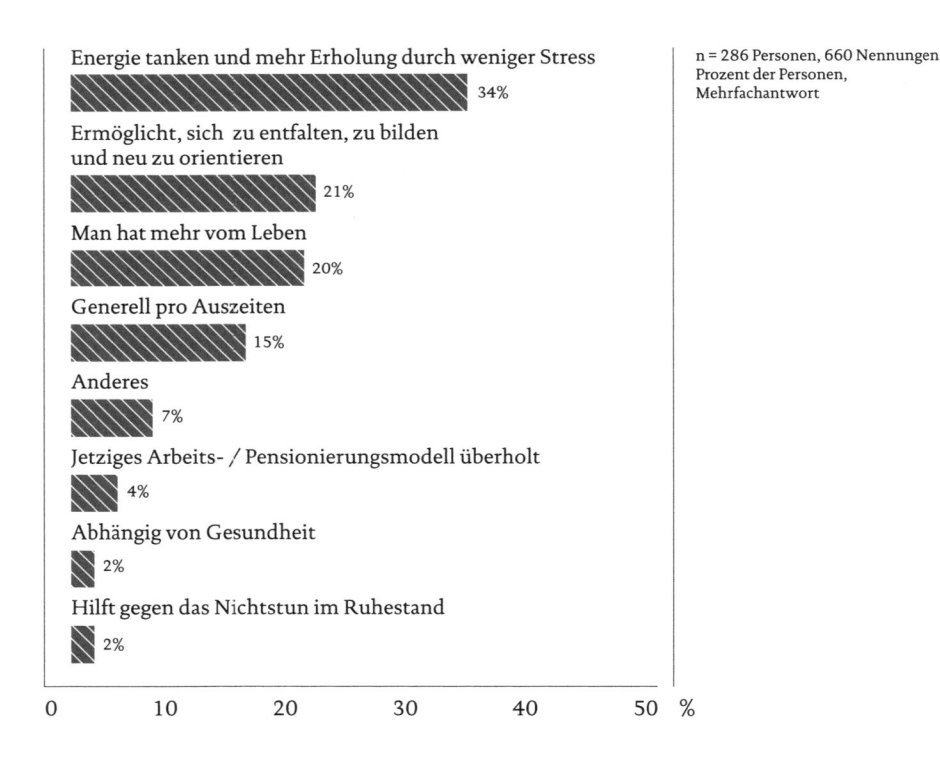

n = 286 Personen, 660 Nennungen
Prozent der Personen, Mehrfachantwort

- Energie tanken und mehr Erholung durch weniger Stress — 34%
- Ermöglicht, sich zu entfalten, zu bilden und neu zu orientieren — 21%
- Man hat mehr vom Leben — 20%
- Generell pro Auszeiten — 15%
- Anderes — 7%
- Jetziges Arbeits- / Pensionierungsmodell überholt — 4%
- Abhängig von Gesundheit — 2%
- Hilft gegen das Nichtstun im Ruhestand — 2%

DIE IDEE MEHRERER SABBATICALS IST NICHT REALISTISCH UND GEFÄHRDET DIE WOHLVERDIENTE PENSIONIERUNG.

Angegebene Gründe gegen das Szenario «Vorbezug Pensionierung» nach Häufigkeit der Nennung

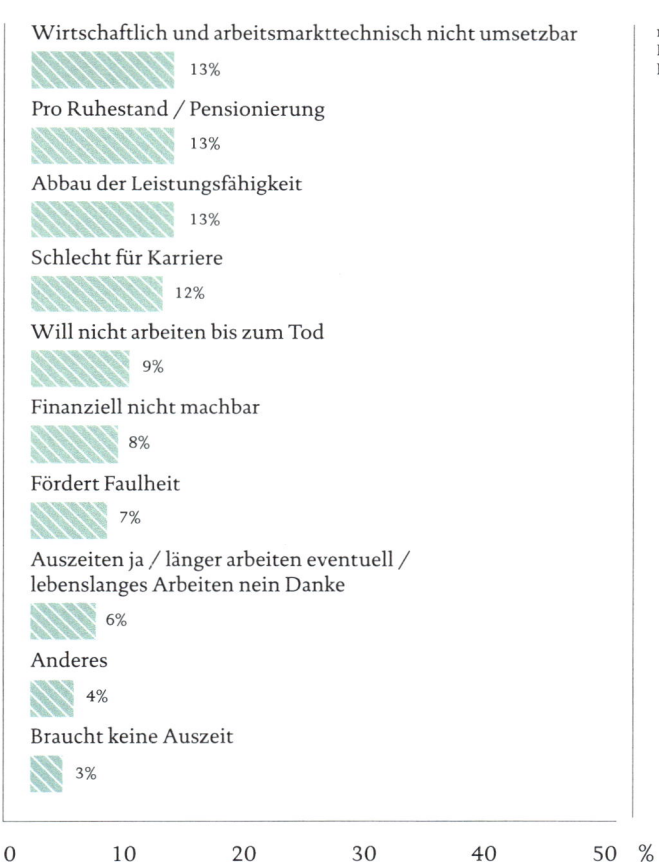

n = 222 Personen, 487 Nennungen
Prozent der Personen, Mehrfachantwort

- Wirtschaftlich und arbeitsmarkttechnisch nicht umsetzbar — 13%
- Pro Ruhestand / Pensionierung — 13%
- Abbau der Leistungsfähigkeit — 13%
- Schlecht für Karriere — 12%
- Will nicht arbeiten bis zum Tod — 9%
- Finanziell nicht machbar — 8%
- Fördert Faulheit — 7%
- Auszeiten ja / länger arbeiten eventuell / lebenslanges Arbeiten nein Danke — 6%
- Anderes — 4%
- Braucht keine Auszeit — 3%

DAS ENDE DER PERFEKTION
Zurück zur Vielfalt

Bei diesem Szenario sehen die Befragten schwarz: Über 80 Prozent betrachten ein solches Lebensmodell nicht als wünschenswert. Die Idee sei wider die Natur und erhöhe den Druck auf Menschen, anders auszusehen, als sie es tun.

Auch die Angst vor einer Verschmelzung des Menschen mit der Maschine ist Grund für die Ablehnung. Gleichzeitig erachtet fast die Hälfte das Szenario als realistische Fortführung der Gegenwart. 47 Prozent glauben, wir könnten bald so leben. Darüber freuen würden sich allerdings nur 13 Prozent. Ihre Gründe: eine als positiv erachtete Abkehr des standardisierten Schönheitsideals und, in der Folge, ein Schutz vor sozialer Ausgrenzung.

DIE NATÜRLICHE EINZIGARTIGKEIT DES MENSCHEN GILT AUCH IN ZUKUNFT ALS SCHÜTZENSWERT, WIRD ABER ALS BEDROHT ERACHTET.

Gesamtübersicht zu Wünschbarkeit und Realisierbarkeit des Szenarios «Das Ende der Perfektion» in der Schweizer Bevölkerung [n = 956]

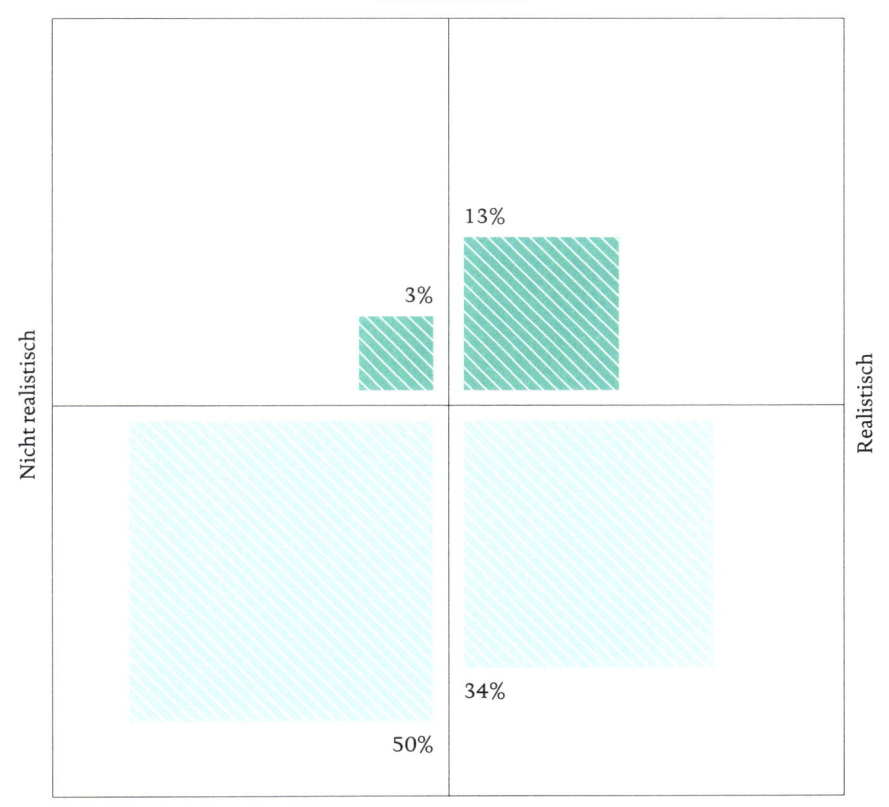

WIE WIR MORGEN LEBEN // LEBENSMODELLE AUS SICHT DER BEVÖLKERUNG
Das Ende der Perfektion

DAS NEUE IDEAL EINES INDIVIDUALISIERTEN ÄUSSEREN HILFT GEGEN SOZIALE AUSGRENZUNG

Angegebene Gründe für das Szenario «Das Ende der Perfektion» nach Häufigkeit der Nennung

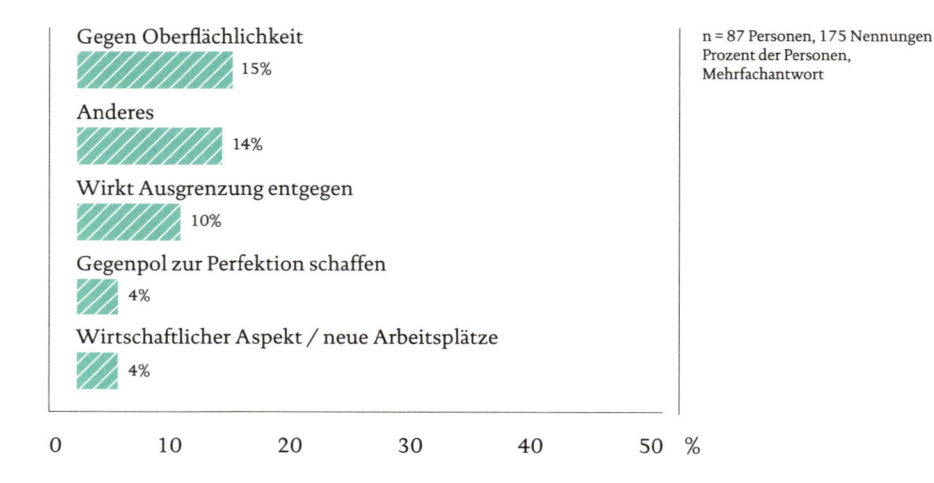

- Gegen Oberflächlichkeit: 15%
- Anderes: 14%
- Wirkt Ausgrenzung entgegen: 10%
- Gegenpol zur Perfektion schaffen: 4%
- Wirtschaftlicher Aspekt / neue Arbeitsplätze: 4%

n = 87 Personen, 175 Nennungen
Prozent der Personen, Mehrfachantwort

DIE KÜNSTLICHE PERSONALISIERUNG DES AUSSEHENS IST WIDER DIE NATUR.

Angegebene Gründe gegen das Szenario «Das Ende der Perfektion» nach Häufigkeit der Nennung

n = 421 Personen, 897 Nennungen
Prozent der Personen, Mehrfachantwort

- Wider die Natur — 14%
- Angst vor Robotisierung des Menschen — 13%
- Sich so akzeptieren und lieben, wie man ist — 9%
- Totale Überwachung jedes Einzelnen — 7%
- Menschheit ist bereits einzigartig genug — 7%
- Das geht zu weit — 7%
- Anderes — 7%
- Szenario bewirkt das Gegenteil von Vielfalt — 6%
- Soziale Ungleichheit — 5%
- Ende der Perfektion wünschenswert, aber nicht auf diese Art — 4%
- Schafft nur neue Probleme — 4%

LIEBE MIT KÜNSTLICHER INTELLIGENZ
Beziehungspflege mit dem Smartphone

Nur 8 Prozent der Befragten befürworten eine Beziehung mit künstlicher Intelligenz. Unter den wenigen Befürwortern erachten vor allem Männer das Szenario als sinnvoll.

Das Hauptargument der Befürworter ist die Hoffnung auf eine konfliktfreie, stressarme Beziehung. Auch wird das Szenario als Bereicherung für alte und kranke Menschen gesehen. Auch wenn es kaum jemand möchte: Im Vergleich zu den 93 Prozent, die dieses Modell als nicht wünschenswert einstufen, betrachten es immerhin 33 Prozent als realistisch.

AUCH IM ÜBERMORGEN WOLLEN WIR BEZIEHUNGEN MIT ECHTEN MENSCHEN, DIE VERBINDUNG MIT KÜNSTLICHEN WESEN SCHEINT JEDOCH IN REICHWEITE.

Gesamtübersicht zu Wünschbarkeit und Realisierbarkeit des Szenarios «Liebe mit künstlicher Intelligenz» in der Schweizer Bevölkerung [n = 967]

Wünschenswert

Nicht realistisch — Realistisch

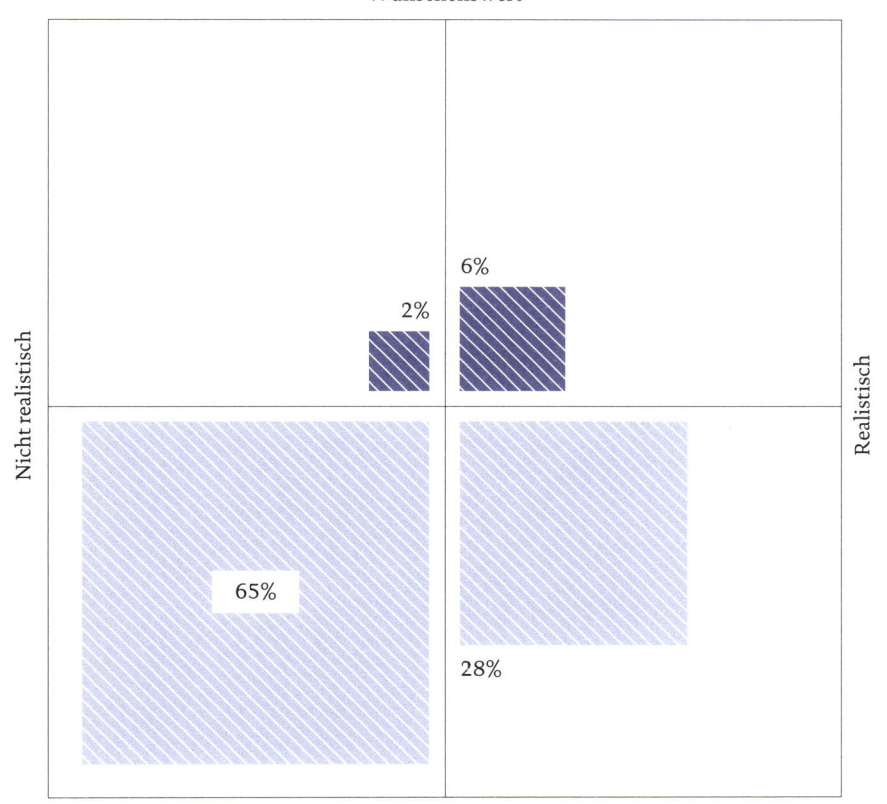

- 2%
- 6%
- 65%
- 28%

Nicht wünschenswert

WIE WIR MORGEN LEBEN // LEBENSMODELLE AUS SICHT DER BEVÖLKERUNG
Liebe mit künstlicher Intelligenz

LIEBE ZU KÜNSTLICHER INTELLIGENZ IST KONFLIKTFREI.

Angegebene Gründe für das Szenario «Liebe mit künstlicher Intelligenz» nach Häufigkeit der Nennung

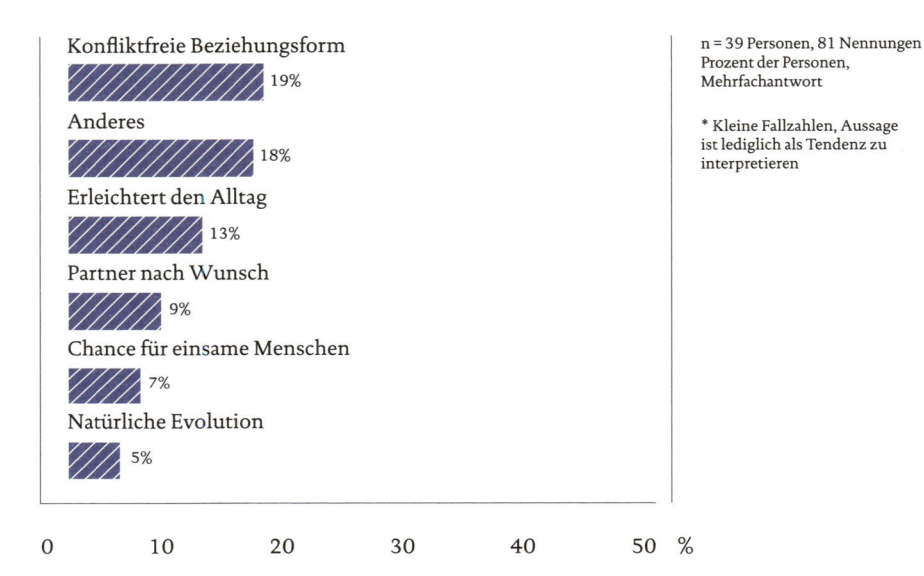

Konfliktfreie Beziehungsform — 19%
Anderes — 18%
Erleichtert den Alltag — 13%
Partner nach Wunsch — 9%
Chance für einsame Menschen — 7%
Natürliche Evolution — 5%

n = 39 Personen, 81 Nennungen
Prozent der Personen, Mehrfachantwort

* Kleine Fallzahlen, Aussage ist lediglich als Tendenz zu interpretieren

MENSCHEN BRAUCHEN BEZIEHUNGEN ZU ECHTEN MENSCHEN.

Angegebene Gründe gegen das Szenario «Liebe mit künstlicher Intelligenz» nach Häufigkeit der Nennung

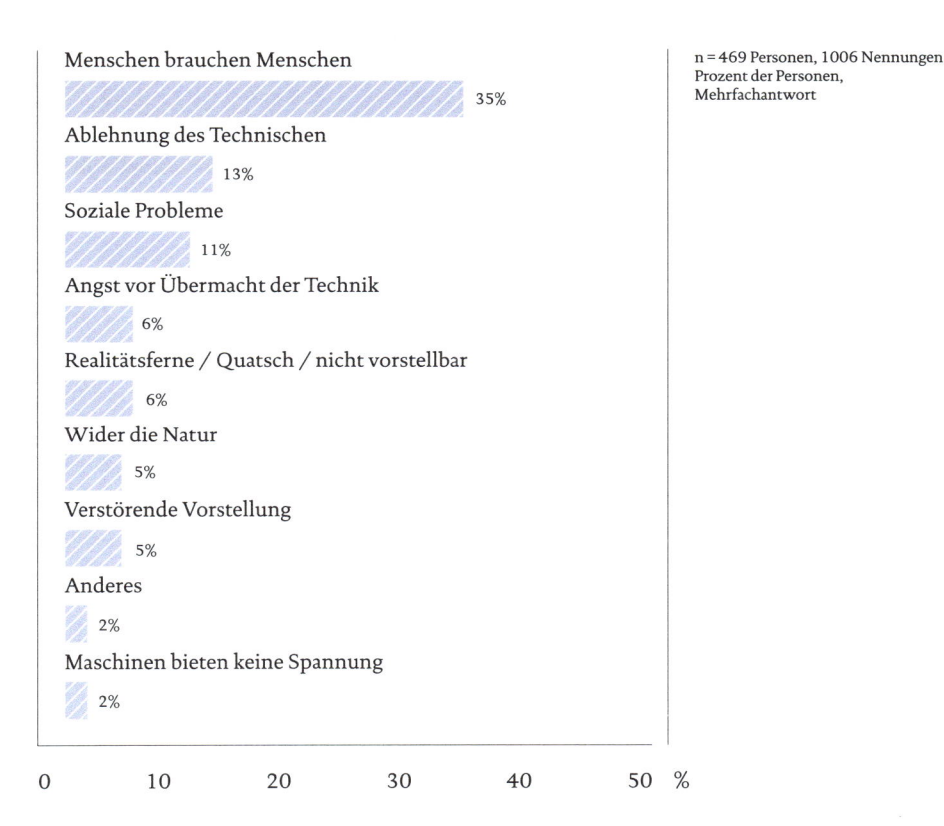

n = 469 Personen, 1006 Nennungen
Prozent der Personen, Mehrfachantwort

- Menschen brauchen Menschen — 35%
- Ablehnung des Technischen — 13%
- Soziale Probleme — 11%
- Angst vor Übermacht der Technik — 6%
- Realitätsferne / Quatsch / nicht vorstellbar — 6%
- Wider die Natur — 5%
- Verstörende Vorstellung — 5%
- Anderes — 2%
- Maschinen bieten keine Spannung — 2%

ZURÜCK ZUR SIPPE
Die Wiederentdeckung des Mehrgenerationenhaushalts

Eines der meistgewünschten Szenarien: 73 Prozent wünschen sich ein Leben im Mehrgenerationenhaus. Vor allem verwitwete und geschiedene Menschen möchten so leben. Sie erhoffen sich ein engeres soziales Miteinander in der Familie, weniger Abhängigkeit von externer Hilfe und eine Bereicherung für alle. Als realistisch schätzt das Szenario allerdings ein wesentlich kleinerer Anteil der Befragten ein: eine knappe Hälfte.

Ein Viertel aller Personen findet eine solche Entwicklung nicht wünschenswert. Sie befürchten mehr familiäre Konflikte und den Verlust der Privatsphäre. Und während die Befürworter betonen, dass dieses Modell in der Vergangenheit schon funktioniert habe, ist es für die Minderheit gerade das reaktionäre Familienbild, das sie an diesem Szenario stört.

EINE GROSSE MEHRHEIT WÜNSCHT SICH DAS LEBEN IM GENERATIONENHAUSHALT, NICHT GANZ SO VIELE BETRACHTEN ES AUCH ALS REALISTISCH.

Gesamtübersicht zu Wünschbarkeit und Realisierbarkeit des Szenarios «Zurück zur Sippe» in der Schweizer Bevölkerung [n = 970]

Wünschenswert

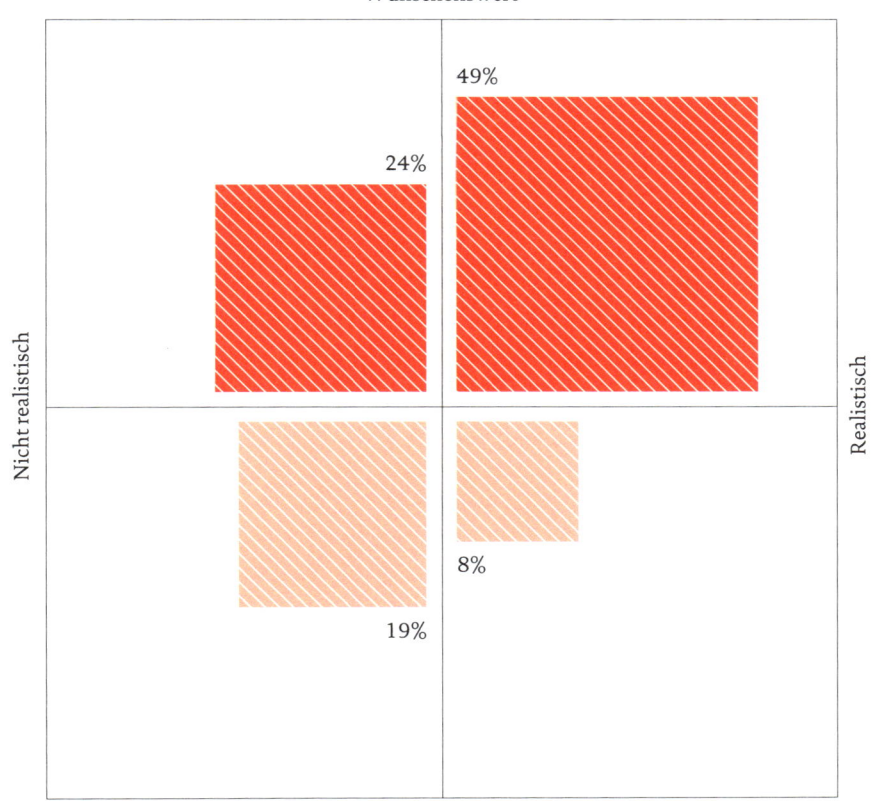

Nicht realistisch — 24% | 49% — Realistisch

19% | 8%

Nicht wünschenswert

Zurück zur Sippe

DAS ZUSAMMENLEBEN MEHRERER GENERATIONEN FÖRDERT DEN SOZIALEN ZUSAMMENHALT UND DAS LERNEN VONEINANDER.

Angegebene Gründe für das Szenario «Zurück zur Sippe» nach Häufigkeit der Nennung

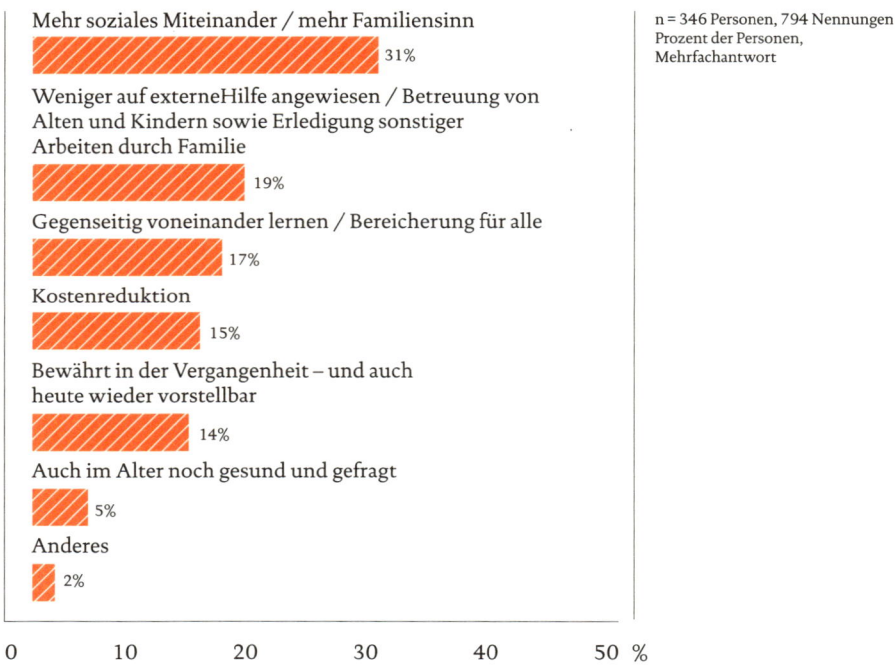

Mehr soziales Miteinander / mehr Familiensinn — 31%

Weniger auf externe Hilfe angewiesen / Betreuung von Alten und Kindern sowie Erledigung sonstiger Arbeiten durch Familie — 19%

Gegenseitig voneinander lernen / Bereicherung für alle — 17%

Kostenreduktion — 15%

Bewährt in der Vergangenheit – und auch heute wieder vorstellbar — 14%

Auch im Alter noch gesund und gefragt — 5%

Anderes — 2%

n = 346 Personen, 794 Nennungen
Prozent der Personen, Mehrfachantwort

DIE RÜCKKEHR ZUR SIPPE BEDEUTET EINE ZUNAHME VON KONFLIKTEN UND DEN VERLUST VON PRIVATSPHÄRE.

Angegebene Gründe gegen das Szenario «Zurück zur Sippe» nach Häufigkeit der Nennung

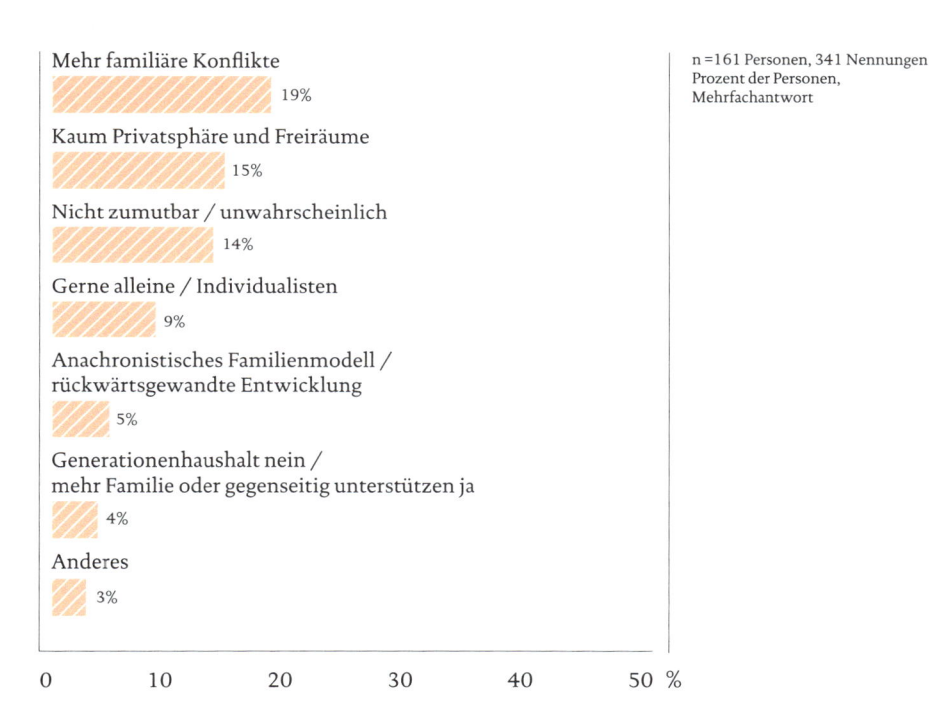

Mehr familiäre Konflikte — 19%
Kaum Privatsphäre und Freiräume — 15%
Nicht zumutbar / unwahrscheinlich — 14%
Gerne alleine / Individualisten — 9%
Anachronistisches Familienmodell / rückwärtsgewandte Entwicklung — 5%
Generationenhaushalt nein / mehr Familie oder gegenseitig unterstützen ja — 4%
Anderes — 3%

n = 161 Personen, 341 Nennungen
Prozent der Personen, Mehrfachantwort

STREBEN NACH UNSTERBLICHKEIT
Den Tod überwinden

Das Sterben wird als ein Recht des Menschen angesehen, das wir auch in Zukunft nicht abtreten sollten. Fast 80 Prozent der Befragten möchten nicht ewig leben. Gleichzeitig erachten aber 42 Prozent das Szenario als realistisch. Ein wesentlicher Grund der Gegner ist eine Ablehnung des Bruchs mit dem biologischen Konzept der Endlichkeit. Auch die Angst vor Überbevölkerung und Ressourcenknappheit spielt dabei eine Rolle.

Trotzdem: Ein Fünftel der Befragen erachtet die Abschaffung des Todes als wünschbar. Die Gründe dafür liegen allerdings weniger in Unsterblichkeitsfantasien als in der Hoffnung, weniger an Krankheiten leiden zu müssen. Es erstaunt, dass vor allem Menschen, die angeben, mit ihrem Leben unzufrieden zu sein, sich ein ewiges Leben wünschen.

DAS STREBEN NACH DEM EWIGEN LEBEN WIRD VON EINER GROSSEN MEHRHEIT ABGELEHNT, DOCH DIE UNSTERBLICHKEIT WIRD IN REICHWEITE DES TECHNOLOGISCHEN FORTSCHRITTS GEGLAUBT.

Gesamtübersicht zu Wünschbarkeit und Realisierbarkeit des Szenarios «Streben nach Unsterblichkeit» in der Schweizer Bevölkerung [n = 981]

Wünschenswert

Nicht realistisch | Realistisch

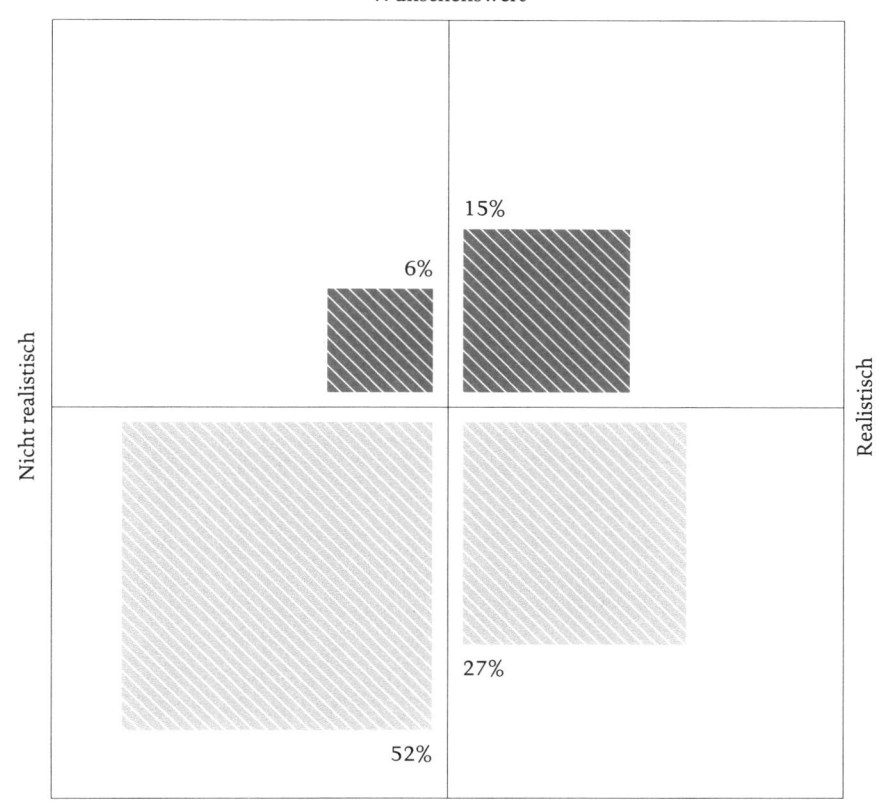

6% | 15%

52% | 27%

Nicht wünschenswert

WIE WIR MORGEN LEBEN // LEBENSMODELLE AUS SICHT DER BEVÖLKERUNG
Streben nach Unsterblichkeit

UNSTERBLICHKEIT MUSS NICHT SEIN, ABER EIN SEHR LANGES, GESUNDES LEBEN.

Angegebene Gründe für das Szenario «Streben nach Unsterblichkeit» nach Häufigkeit der Nennung

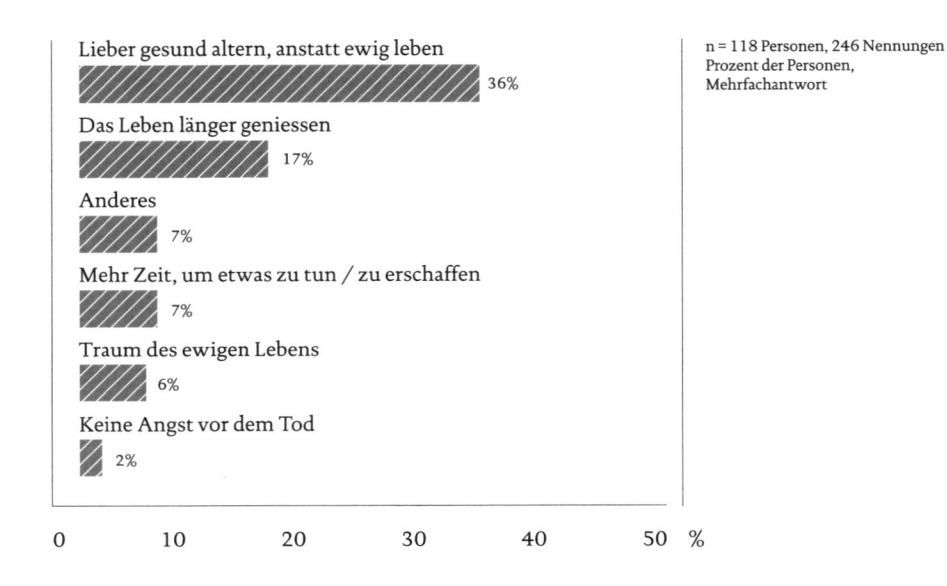

Lieber gesund altern, anstatt ewig leben — 36%
Das Leben länger geniessen — 17%
Anderes — 7%
Mehr Zeit, um etwas zu tun / zu erschaffen — 7%
Traum des ewigen Lebens — 6%
Keine Angst vor dem Tod — 2%

n = 118 Personen, 246 Nennungen
Prozent der Personen, Mehrfachantwort

DIE UNSTERBLICHKEIT WIDERSPRICHT DER MENSCHLICHEN NATUR.

Angegebene Gründe gegen das Szenario «Streben nach Unsterblichkeit» nach Häufigkeit der Nennung

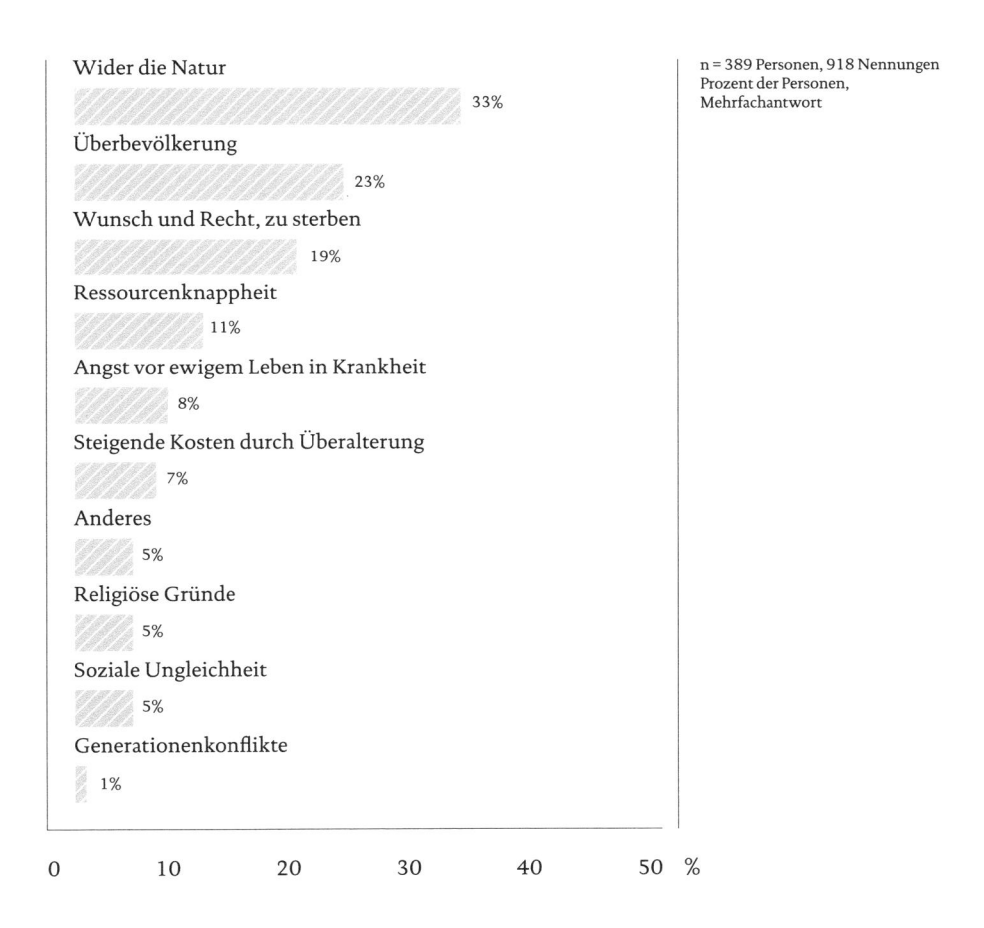

Wider die Natur 33%
Überbevölkerung 23%
Wunsch und Recht, zu sterben 19%
Ressourcenknappheit 11%
Angst vor ewigem Leben in Krankheit 8%
Steigende Kosten durch Überalterung 7%
Anderes 5%
Religiöse Gründe 5%
Soziale Ungleichheit 5%
Generationenkonflikte 1%

n = 389 Personen, 918 Nennungen
Prozent der Personen, Mehrfachantwort

Damit die neuen Möglichkeiten der Lebensplanung in die Praxis übersetzt werden können, braucht es eine Anpassung der Rahmenbedingungen – von Arbeitsmodellen und Vorsorge über Wohnstrukturen und Bildungsangebote bis hin zur Freizeitgestaltung. Doch auch jeder Einzelne von uns ist gefordert. Nie zuvor lag so viel Verantwortung in unseren Händen.

WAS WIR TUN KÖNNEN

HANDLUNGSFELDER FÜR WIRTSCHAFT, GESELLSCHAFT UND INDIVIDUEN

Die steigende Lebenserwartung, neue Möglichkeiten der Technologie und die Lockerung traditioneller Werte führen zu einer Flexibilisierung der Lebensplanung. Dies bringt uns auf der einen Seite neue Freiräume und Entlastung. So können wir in Zukunft den Stress der Doppelbelastung von Kind und Karriere umgehen oder unsere Freunde, Urgrossmütter oder Roboterhilfen mit in die Verantwortung ziehen. Auf der anderen Seite haben wir schon bald viel mehr Entscheidungen zu treffen. Das traditionelle Modell Bildung – Karriere – Kind – Pension – Tod verliert stark an Bedeutung – und damit auch die lange Phase, in der der Mensch vorgespurten Pfaden folgte.

Bereits heute sind viele mit Beruf, Freizeitgestaltung und Partnerwahl überfordert. In Zukunft gehen wir auch bei der Kindererziehung, dem Wohnen, der Vorsorge und beim Sterben neue Wege. Um das Beste aus diesen Chancen zu machen, braucht es Eigenverantwortung. In Zukunft sind wir mehr Schmied des eigenen Glücks als je zuvor. Was ist gut für mich und für meine Nächsten? Die Antwort darauf müssen wir uns selbst geben.

Gleichzeitig kann jeder Einzelne von uns nur dann die neuen Möglichkeiten nutzen, wenn die äusseren Rahmenbedingungen entsprechend angepasst werden. Dies bedeutet die Schaffung neuer Angebote, die eine individuelle Lebensplanung ermöglichen, beispielsweise die Flexibilisierung von Arbeits- und Freizeitmodellen, Lebensgestaltungsberatung oder modulare Wohnstrukturen. Dazu muss Innovation erst gesamtheitlich gedacht werden: von alltäglichen Produkten, die das Leben vereinfachen bis hin zur Anpassung der Strukturen der öffentlichen Hand und des Service public. Statt einer reinen Ausrichtung auf die Marktwirtschaft steht in Zukunft auch die «gesellschaftliche» Innovation im Vordergrund. Gleichzeitig gilt es, über entsprechende Regulierungen nachzudenken, die dort Grenzen legen, wo das Wohl des Einzelnen oder der Gesellschaft als Ganzes gefährdet ist.

So müssen wir also heute vorausschauend die nötigen Weichen stellen. Politik, Wirtschaft und Gesellschaft sind gefordert, zu entscheiden, wo Freiräume Sinn machen, wie diese gefördert werden können und wo Regulierungen sinnvoll sind. Im Fokus sollte dabei nicht nur die Machbarkeit stehen, sondern auch die Wünschbarkeit. Wollen wir mit 60 Kinder bekommen? Die Pension mit 35 vorbeziehen? Maschinen lieben? Oder noch viel länger leben? Es ist an uns festzuhalten, wohin die Reise gehen soll.

ÜBERSICHT DER HANDLUNGSFELDER ZUR
EIGENVERANTWORTLICHEN GESTALTUNG EINES LANGEN LEBENS

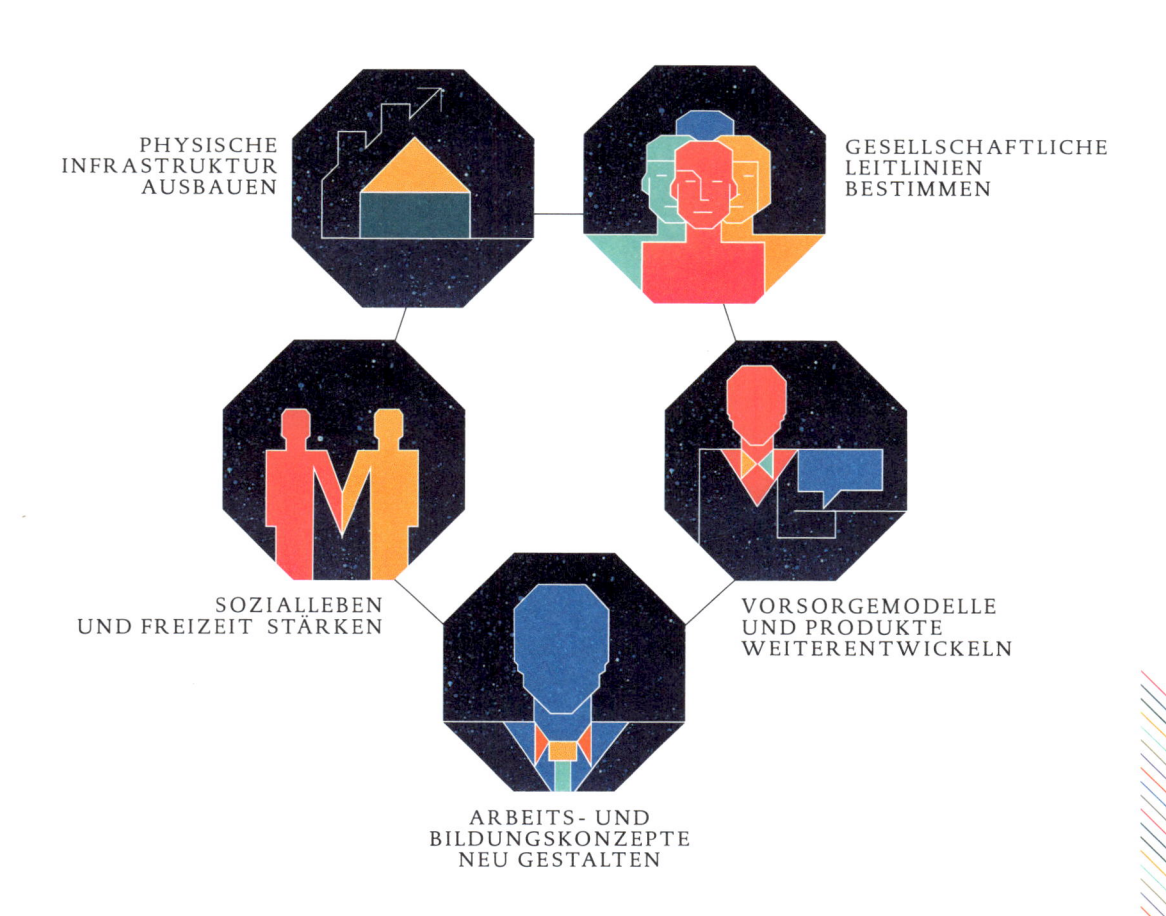

PHYSISCHE INFRASTRUKTUR AUSBAUEN

GESELLSCHAFTLICHE LEITLINIEN BESTIMMEN

SOZIALLEBEN UND FREIZEIT STÄRKEN

VORSORGEMODELLE UND PRODUKTE WEITERENTWICKELN

ARBEITS- UND BILDUNGSKONZEPTE NEU GESTALTEN

GESELLSCHAFTLICHE LEITLINIEN BESTIMMEN

GEMEINSAM EINE WÜNSCHBARE ZUKUNFT DEFINIEREN UND EINE AKTIVE GESELLSCHAFT FÖRDERN

—

Normen und Werte sind die Grundpfeiler des gesellschaftlichen Zusammenlebens. Sie fördern oder beschränken die Weiterentwicklung traditioneller Lebensmodelle. Ethisch kontroverse Themen wie die Reproduktionsmedizin, die Regelungen zur Sterbehilfe oder neue Formen der Erwerbstätigkeit müssen frühzeitig und breit diskutiert, die Richtlinien für die Gesellschaft neu definiert werden. Im Zentrum steht dabei nicht die Machbarkeit, sondern die Wünschbarkeit von Entwicklungen. So gilt es zu klären, welche technologischen Hilfsmittel für den Einzelnen und die Gemeinschaft gewinnbringend sind und Innovationprozesse darauf auszurichten, beispielsweise in Citizen-Science-Projekten. Auch neuen Leitfiguren, die zeigen, dass alternative Lebenswege und Karrieren möglich sind, kommt eine wachsende Bedeutung zu.

EINE WÜNSCHBARE GESELLSCHAFT DENKEN:
Neulancierung von 21st-century-Landsgemeinden in Städten und Agglomerationen für die aktive Auseinandersetzung mit den grundlegenden Chancen, Herausforderungen und Modellen für die Gesellschaft von morgen. Einbezug von Bürgern aller Schichten und Altersgruppen als bewusstes Gegengewicht zu den virtuellen Diskussionsplattformen, mit dem Risiko von mehr Fragmentierung und Eskalation.

VIELFALT VON LEBENSMODELLEN AUFZEIGEN:
Promotion unterschiedlicher Rollenmodelle in Familie und Beruf mittels einer digitalen Plattform, initiiert durch einen Zusammenschluss von Bildungsinstitutionen, Firmen, Behörden und Medien. Vorgestellt werden Menschen, die traditionelle aber auch unkonventionelle Biografien oder Lebensmodelle aufweisen. Medien erhalten Zugang zu spannenden Menschen und Geschichten, Unternehmen nutzen diese zur Förderung der Diversität und der Suche nach Talenten.

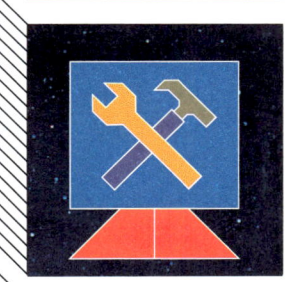

EINE AKTIVE GESELLSCHAFT FÖRDERN:
Aktivierung der Gesellschaft durch Stärken von Kompetenzen und Möglichkeiten zur Einflussnahme. Diese basiert zum einen auf der Förderung von Technologiekompetenzen der Bürger, zum Beispiel durch das Lehren von Programmiersprachen auf spielerische Art oder das Vermitteln von Fähigkeiten für kritisches Denken in Schulen und Unternehmen, zum anderen auf der Einbeziehung der Bevölkerung in Forschungsprojekte, beispielsweise durch das Sammeln von Einzelbeobachtungen.

INDEX FÜR LEBENSGESTALTUNG:
Einführung eines gesamtheitlichen Indikators zur Beurteilung möglicher Formen der Lebensgestaltung jenseits der herkömmlichen Lebensqualitätsindikatoren und mit Fokus auf den Grad der Partizipation, Freiräume und Flexibilität zur Lebensgestaltung sowie des Solidaritätsniveaus für den Vergleich von Regionen, Städten und Ländern.

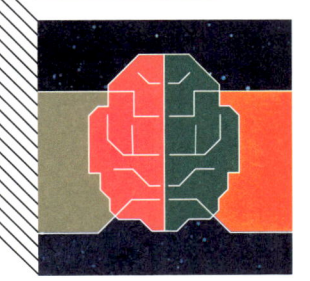

SILOS AUFBRECHEN:
Förderung einer gesamtheitlichen Gestaltung der gesellschaftlichen, gesetzlichen und wirtschaftlichen Rahmenbedingungen zur Lebensgestaltung durch die Gründung von Querschnittsorganisationen innerhalb von Unternehmen, die Produktentwicklung, Personalwesen oder Kommunikation für die Förderung von langen Planungshorizonten verbinden. Parallel Lancierung eines nationalen Think Tanks zur Verknüpfung von Behörden, Universitäten und Unternehmen für die übergreifende Entwicklung von Lösungen und die Klärung von Grundlagen. Dazu gehört beispielsweise die Beantwortung zentraler ethischer Fragen im Zusammenhang mit Betreuungsrobotern oder den Altersgrenzen der Elternschaft, vor allem aber das Vermitteln zwischen Bildung, Arbeitgebern, Spitälern bis zu Roboterherstellern.

VORSORGEMODELLE UND PRODUKTE WEITERENTWICKELN
DIE EIGENVERANTWORTUNG STÄRKEN

—

Die DNA der Vorsorge muss neu definiert werden. Eine bedeutende Rolle spielt dabei die Verschiebung des Fokus weg von der letzten Lebensphase hin auf das gesamte Leben: vom frühzeitigen, lebenslangen Sparen bis zum Einbezahlen informeller Leistungen. In der Folge entsteht neben den herkömmlichen Modellen ein Ökosystem der Vorsorge, das sich durch eine Vielfalt neuer Produkte und durch eine Beschäftigung mit der gesamten Lebensplanung auszeichnet. Auch kommt dem Einzelnen in Zukunft mehr Verantwortung zu. Ob man in Zeitbanken investiert, eine Pflegeversicherung abschliesst oder einfach jeden Monat etwas auf die Seite legt, ist Sache persönlicher Entscheidung. Damit die neuen Möglichkeiten aber Realität werden, braucht es entsprechende Angebote sowie Finanzierungs- und Beratungsmodelle, die Chancen und Grenzen der verschiedenen Produkte aufzeigen.

BAUKASTEN FÜR VORSORGEANGEBOTE AUFBAUEN:
Neue Versicherungsprodukte für das Zeitalter des langen Lebens lancieren: existierende Lösungen wie Pflegeversicherungen in die breite Bevölkerung tragen oder neue Produkte wie Finanzierungsmodelle für Sabbaticals oder angepasste Lebensversicherungen fördern, die nicht nur das Risiko eines verfrühten Todes für die Angehörigen mildern, sondern auch für ein sehr langes Leben vorsorgen sowie für Chancen und Risiken von langfristigen Anlagemöglichkeiten sensibilisieren.

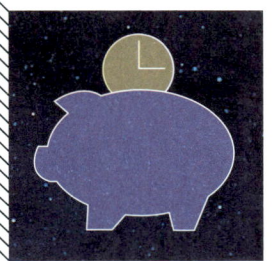

VORSORGE AUF GEMEINSCHAFT ÜBERTRAGEN:
Fördern ergänzender «Vorsorgemodelle» wie Zeitbanken, bei denen nicht Geld, sondern Arbeit «einbezahlt» und später bezogen werden kann. Parallel dazu gilt es, informelle Leistungen durch Entlöhnung oder Steuerabzüge zu honorieren oder den Wiederaufbau von Milizsystemen durch die Unterstützung von Arbeitgebern zu fördern – indem Aufgaben für die Gesellschaft mit dem Beruf vereinbart werden.

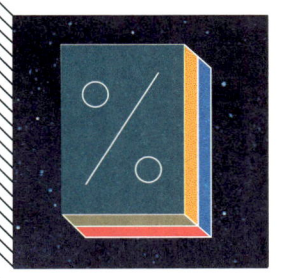

PLANUNGSHORIZONT ERWEITERN:
Anreize schaffen zum frühzeitigen, lebenslangen Sparen durch Steuervergünstigungen für Eltern, die Sparguthaben auf Sperrkonten für ihre Kinder einzahlen sowie durch den Kompetenzaufbau im schonenden Umgang mit natürlichen und finanziellen Ressourcen in Schulen.

GANZHEITLICHE BERATUNG FÜR LEBENSGESTALTUNG SCHAFFEN:
Entwicklung von holistischen Beratungsangeboten für Lebensmodellplanung – als Erweiterung der herkömmlichen Berufs- und Karriereberatung sowie als Ergänzung von finanziellen Vorsorgeplänen durch Versicherungen und Banken, die den Kunden in einem Netzwerk aus Bildungsinstitutionen, Gesundheitsexperten und Wohnberatern unterstützen und helfen, mögliche Chancen und Risiken von Entscheidungen als Szenarien abzuwägen.

DIE GRUNDLAGEN FÜR EIN AUTARKES LEBEN AUFBAUEN:
Einführung von Qualitätsstandards und Versicherungsprodukten für eine autarke Wirtschaft, zum Beispiel durch Haftpflichtversicherungen für selbstgemachte und 3-D-gedruckte Produkte wie auch für Handlungen durch künstliche Intelligenz, beispielsweise durch selbstfahrende Autos.

ARBEITS- UND BILDUNGSKONZEPTE NEU GESTALTEN
ARBEIT – AUSZEIT – BILDUNG FLEXIBILISIEREN

—

Arbeit und Bildung müssen der steigenden Lebenserwartung angepasst werden. Eine bedeutende Rolle kommt dabei der Integration älterer Arbeitnehmer in den Arbeitsprozess zu, unter anderem durch die Flexibilisierung der Pension und eine altersunabhängige Lohnpolitik. Gleichzeitig gilt es, Auszeiten zu vereinfachen zur Burn-out-Prävention, zur Verlängerung der Arbeitsfähigkeit sowie zur besseren Vereinbarkeit von Familie und Karriere. Parallel dazu müssen die Bildungskonzepte weitergedacht werden, um das lebenslange Lernen zu ermöglichen und um die Menschen auf das Leben in einem digitalen und automatisierten Umfeld vorzubereiten – zum Beispiel durch mehrjährige oder lebenslange Bildungsabonnements an Universitäten und Fachhochschulen und die Ergänzung des Fächerspektrums um technisches Basiswissen und Self-Learning.

GESAMTHEITLICHE BEWERTUNGSKRITIERIEN FESTLEGEN:
Einführung von gesamtheitlichen Bewertungskriterien für die Beurteilung der Fähigkeiten von Mitarbeitern jenseits der traditionellen Schwerpunkten wie Schulnoten und Projekterfahrung. Gleichwertige Berücksichtigung von besonderen «ausserkurrikulären» Tätigkeiten sowie Einbezug der Leistungen in Familie und Freizeit, wie beispielsweise die Fähigkeit von Gamern, virtuell Teams zu koordinieren – zur Förderung der Vielfalt im Arbeitsumfeld.

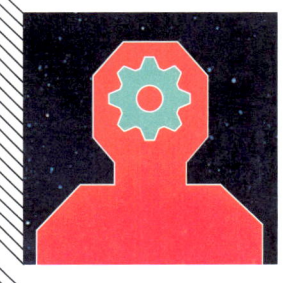

ENTLÖHNUNG NACH LEISTUNG FLEXIBEL GESTALTEN:
Durchsetzen einer altersunabhängigen Human-Resources-Politik, unter anderem durch die Einführung einer Entlöhnung nach Leistung zur Attraktivitätssteigerung älterer Menschen im Berufsleben. Ein Arbeitnehmer kann so nach Wunsch selbst über Pensum und Komplexität der Tätigkeit entscheiden und erhält dadurch die Möglichkeit, länger und dem individuell gewünschten oder möglichen Arbeitsspektrum entsprechend zu arbeiten.

LANCIEREN VON LANGSTRECKENLÄUFER-MODELLEN:
Testen von neuen Arbeitsmodellen, in denen Arbeitnehmer mit einer hohen Belastung über längere Zeit mit tiefem Arbeitspensum bei späterer Pensionierung arbeiten: Incentivierung durch Meilenstein-Auszeichnungen, die das Arbeiten im Alter mit Anerkennung oder finanziellen Anreizen fördern.

ERMÖGLICHEN VON MIKROJOBS:
Fördern von Teilzeitstellen durch digitale Mitarbeiter-Match-Plattformen, die Menschen mit ähnlichem oder komplementärem Arbeitsprofil verlinken und auf diese Weise das Jobsharing erleichtern sowie Unternehmen Zugang zu spezifischen Expertisen mit limitierten Arbeitspensen ermöglichen. Dadurch wird die Chance auf Teilzeitarbeit für Mütter und Väter, ältere Arbeitnehmer oder Freelancer erhöht. Parallel dazu Etablieren des Arbeitens im Alter durch Rotationsmodelle, in denen Mitarbeiter in regelmässigen Abständen neue Stellen wählen können, die ihren Leistungsfähigkeiten entsprechen, Abwechslung schaffen und dabei die Lernkurve erhöhen.

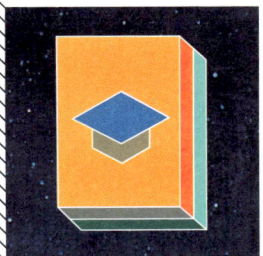

BILDUNGSABONNEMENTS STATT EINMALIGE AUSBILDUNGEN:
Ermöglichen des lebenslangen Lernens durch Bildungsabonnements von Universitäten und Fachhochschulen für regelmässige Weiterbildungen in berufseigenen und -fremden Gebieten, finanziert beispielsweise durch die Freigabe der Säule 3a.

SOZIALLEBEN UND FREIZEIT STÄRKEN

SOLIDARITÄTEN IN ZEITEN DER VIELFALT FÖRDERN

—

Mit der zunehmenden Alterung der Gesellschaft und der wachsenden Bedeutung von Individualisierung und Selbstinszenierung wird die Solidarität unter den Generationen auf die Probe gestellt. Eine Gesellschaft, in der verschiedene Lebensentwürfe nebeneinander funktionieren sollen, bedarf aber eines Mehrs an Solidarität. Sowohl der Vernetzung von alten und jungen Menschen zwecks gegenseitiger Hilfe als auch gesellschaftlichen wie monetären Anreizsystemen für soziales Engagement kommt eine bedeutende Rolle zu. Gleichzeitig gilt es, die freie Zeit, insbesondere die regelmässigen Auszeiten, sinnstiftend und stressabbauend zu gestalten. Dabei kommt auch dem sozialen Engagement in der Freizeit eine wachsende Bedeutung zu.

TRENNEN VON ARBEIT UND FREIZEIT:
Förderung einer klaren Trennung von Arbeit und Freizeit zur Erhöhung von Effizienz und Stressabbau, beispielsweise durch die Einführung von festgelegten Auszeiten ohne Zugriff auf die Infrastruktur des Arbeitgebers, «Geofences» mit fixen Mailing- und Rückrufzeiten ausserhalb der offiziellen Arbeitszeit und klar geregelten Homeoffice-Angeboten.

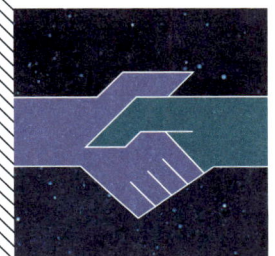

ALT UND JUNG VERKUPPELN:
Lancieren von digitalen Vermittlungsplattformen für Senioren und junge Familien zur gegenseitigen Unterstützung. Pensionierte, die Zeit haben und auf der Suche nach sozialem Austausch sind, offerieren ihre Hilfe bei der Kinderbetreuung und einfachen Haushaltsaufgaben, Eltern übernehmen im Gegenzug punktuell anfallende, körperlich intensive Arbeiten oder bieten regelmässige gemeinsame Abendessen an.

VERANTWORTUNG FÜR DIE GEMEINSCHAFT FÖRDERN:
Entwickeln von neuen Anreizsystemen für soziales Engagement und informelle Leistungen in der Freizeit durch eine Kombination von steuerlicher Vergünstigung und gesellschaftlicher Anerkennung, zum Beispiel durch die städtische Vergabe von Gemeinschafts-Awards, die Menschen und Projekte auszeichnen, die sich für die Stärkung der Solidarität einsetzen.

LOKALE VERMITTLUNG VON RESSOURCEN UND KOMPETENZEN:
Gestaltung von Quartieren und Siedlungen als Mini-Ökosysteme, in denen Güter und Kompetenzen der Bewohner ausgetauscht und vermittelt werden – vom Tierarzt über den Handwerker oder den Gamer bis zum Ingenieur.

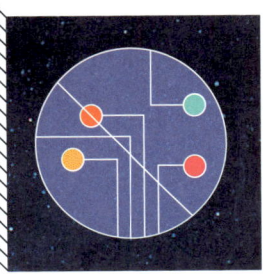

ZURÜCK ZUM ANALOGEN:
Fördern von Digital-Detox-Programmen im Alltag für Unternehmen und Verwaltung zum Stressabbau und analogen Erfahrungsaustausch durch die Einführung von internet- und handyfreien Arbeitszeiten mit Bonus-Malus-Systemen, um Produktivität und Gesundheit zu erhöhen.

PHYSISCHE INFRASTRUKTUR AUSBAUEN

DAS UMFELD AUF DIE INDIVIDUELLE LEBENSGESTALTUNG UND DIE STÄRKUNG DER GEMEINSCHAFT AUSRICHTEN

—

Damit die neuen Möglichkeiten der Lebensführung und die Stärkung der Solidarität auch in den Alltag übersetzt werden können, muss das physische Umfeld neu konzipiert werden: vom flexiblen Wohnungsbau für Patchworkfamilien über gemeinschaftsfördernde Trams bis hin zu Spielplätzen in Altersheimen und Reflexionszonen in Firmengebäuden. Bei der Planung von Alterswohnungen verschiebt sich der Fokus weg von einem möglichst bequemen, hindernislosen Umfeld hin zu Apartments, die die Fitness ihrer Bewohner durch schiefe Böden und extrahohe Schubladen stärken.* Auch der Förderung der Vielfalt in einzelnen Stadtquartieren durch eine bewusste Mischung ihrer Funktionen – Bildung, Wohnen, Arbeiten, Spielen – kommt eine wachsende Bedeutung zu.

* Ein erstes Pilotprojekt: architecture against death, www.reversibledestiny.org

FLEXIBLE INFRASTRUKTUR ENTWICKELN:
Fördern neuer Wohn- und Bauformen, die den veränderten Lebensumständen von Patchworkfamilien und Mehrgenerationenhaushalten gerecht werden und die beispielsweise das gemeinsame und flexible Nutzen von Räumen oder das Verkleinern und Vergrössern von Wohnräumen sowie das Öffnen und Ziehen von Wänden erlaubt – je nach Veränderung der Familienstrukturen oder den Lebensumständen.

INFRASTRUKTUR FUNKTIONALISIEREN:
Erweitern der Mehrwerte von Wohnungen oder öffentlichen Räumen entsprechend den Bedürfnissen der Menschen, zum Beispiel zur Förderung von Gesundheit in Wohnungen durch den Einbau von Unebenheiten und Treppen, Umgestaltung öffentlicher Räume für Debatten mit Andersdenkenden oder als Reflexionszonen.

ERÖFFNEN VON ROBOTHEKEN:
Zugang zu technischer Infrastruktur durch Verleih oder Sharing von Haushalts- und Pflegerobotern bis zu 3-D-Druckern ermöglichen, um die Bewohner bei ihren alltäglichen Tätigkeiten zu unterstützen, das Vertrauen gegenüber der Technologie zu fördern und stufenweise den Übergang in ein künstlich intelligentes, automatisiertes Umfeld einzuleiten – sowie im Reality-Test auf ihre Sinnhaftigkeit zu überprüfen.

AUFBAU VON MIKROMARKTPLÄTZEN:
Schaffen von neuen Out- und Indoor-Marktplätzen zur Vereinfachung des Austauschs von selbst gemachten und gebrauchten Gütern, um die Entwicklung von lokalen, selbstversorgenden Strukturen zu fördern und dabei die Gemeinschaft zu stärken.

DEN LEBENSRAUM HACKEN:
Ermöglichen von neuen Gestaltungsmöglichkeiten für Stadtquartiere oder Wohnraum, in dem die Bevölkerung direkt Einfluss auf den Bau von Infrastruktur nehmen kann oder die Möglichkeit erhält, sich bei der Planung oder dem Bau selbst einzubringen und durch Crowdfunding zu finanzieren.

W.I.R.E.

W.I.R.E. ist ein europaweit führender interdisziplinärer Think Tank, der sich seit rund zehn Jahren mit globalen Entwicklungen in Wirtschaft, Wissenschaft und Gesellschaft beschäftigt. Im Fokus des Schweizer Denklabors stehen die frühe Erkennung neuer Trends und deren Übersetzung in Strategien und Handlungsfelder für Unternehmen und öffentliche Institutionen.

An der Schnittstelle zwischen Wissenschaft und Praxis zeichnet sich W.I.R.E. durch eine kritische Denkhaltung und politische Neutralität aus. Thematische Schwerpunkte betreffen die digitale Wirtschaft, gesellschaftliche Innovation und die Förderung der Zukunftsfähigkeit. Dabei stellt der Think Tank seine Expertise in den Dienst von Öffentlichkeit, Unternehmen und Behörden – von Life Science, Finanzdienstleistern und Medien bis hin zu Food und Industrie.

Die zwei- und dreidimensionale Wissensvermittlung von W.I.R.E. zeichnet sich durch die Verbindung von Inhalt und Form sowie einen hohen Anspruch an Ästhetik und Design aus. Nebst der Partnerschaft mit dem Collegium Helveticum der ETH Zürich und der Universität Zürich verfügt W.I.R.E. über ein internationales Netzwerk aus Experten, Vordenkern und Entscheidungsträgern.

www.thewire.ch

SWISS LIFE

Swiss Life ist die Nummer 1 für umfassende Vorsorge- und Finanzlösungen in der Schweiz. Über 1,3 Millionen Menschen vertrauen auf uns und sorgen so selbstbestimmt für ein immer längeres Leben vor. Wir leben aber nicht nur immer länger, wir bleiben auch länger jung. Folgerichtig muss auch der Altersbegriff neu definiert werden. Swiss Life sieht sich in der Verantwortung, eine breite Diskussion zur steigenden Lebenserwartung zu lancieren und setzt sich intensiv mit den Herausforderungen dieses gesellschaftlichen Wandels auseinander. Die Dringlichkeit dieses Themas wird durch das tiefgreifende Bedürfnis der Menschen verstärkt, das eigene Leben selbstbestimmt und in Würde zu gestalten. Selbstbestimmung und Vorsorge sind für Swiss Life angesichts der demografischen Entwicklung eine Chance, Lösungen und Produkte weiterzuentwickeln und im wachsenden Vorsorgemarkt mit hochklassiger und relevanter Beratung Kundennutzen zu schaffen. Vor diesem Hintergrund hat Swiss Life die Realisierung der vorliegenden Publikation zusammen mit dem Think Tank W.I.R.E. initiiert.

www.swisslife.ch

AUTOREN

SIMONE ACHERMANN

Simone Achermann beschäftigt sich mit Entwicklungen und Trends in Gesellschaft, Wirtschaft und Kultur und ist verantwortlich für die Buchreihe ABSTRAKT. Sie ist Autorin und Herausgeberin diverser Publikationen, unter anderem von «Mind the Future – Kompendium für Gegenwartstrends» sowie der Suhrkamp-Reihe «Was zählt». Vor ihrer Arbeit bei W.I.R.E. hat sie mehrere Jahre als Kommunikationsberaterin gearbeitet. Der Schwerpunkt ihrer Tätigkeit lag im Bereich der Corporate Social Responsibility und im Schreiben von Texten und Reden für Führungskräfte in Wirtschaft und Gesellschaft. Simone Achermann hat am University College London (UCL) Kulturwissenschaften studiert.

STEPHAN SIGRIST

Dr. Stephan Sigrist ist Gründer und Leiter des Think Tanks W.I.R.E. Er analysiert seit vielen Jahren interdisziplinär Entwicklungen in Wirtschaft, Wissenschaft und Gesellschaft und beschäftigt sich schwergewichtig mit den Folgen der Digitalisierung in den Life Sciences, Financial Services, Medien, Infrastruktur und Mobilität. Er ist Herausgeber der Buchreihe ABSTRAKT und Autor zahlreicher Publikationen sowie Keynote-Referent an internationalen Tagungen. Mit W.I.R.E. berät er Entscheidungsträger bei der Entwicklung von langfristigen Strategien, begleitet Innovationsprojekte und unterstützt Unternehmen bei der Neugestaltung von zukunftsorientierten Räumen für Mitarbeiter und den Austausch mit Kunden. Nach seinem Biochemie-Studium an der ETH Zürich und einer Dissertation am Collegium Helveticum war er in der medizinischen Forschung von Hoffman-La Roche tätig. Danach arbeitete er als Unternehmensberater bei Roland Berger Strategy Consultants und am Gottlieb Duttweiler Institute. Er ist im Stiftungsrat des Schweizerischen Allergiezentrums AHA sowie von Science & Cité.

Herausgegeben von W.I.R.E., dem Think Tank für Wirtschaft, Wissenschaft und Gesellschaft
In Kooperation mit Swiss Life

Bibliografische Information der Deutschen Nationalbibliothek

Die Deutsche Nationalbibliothek verzeichnet diese Publikation
in der Deutschen Nationalbibliografie; detaillierte bibliografische Daten
sind im Internet über http://dnb.d-nb.de abrufbar.

© 2017 W.I.R.E. und NZZ Libro, Neue Zürcher Zeitung AG, Zürich
www.thewire.ch

Autoren: Stephan Sigrist, Simone Achermann
Lektorat: Ruth Rybi
Bilder: Wojtek Klimek
Gestaltung, Illustration: Kristina Milkovic
Druck: Neidhart + Schön AG

Dieses Werk ist urheberrechtlich geschützt. Die dadurch begründeten Rechte, insbesondere die der Übersetzung, des Nachdrucks, des Vortrags, der Entnahme von Abbildungen und Tabellen, der Funksendung, der Mikroverfilmung oder der Vervielfältigung auf anderen Wegen und der Speicherung in Datenverarbeitungsanlagen, bleiben, auch bei nur auszugsweiser Verwertung, vorbehalten. Eine Vervielfältigung dieses Werks oder von Teilen dieses Werks ist auch im Einzelfall nur in den Grenzen der gesetzlichen Bestimmungen des Urheberrechtsgesetzes in der jeweils geltenden Fassung zulässig. Sie ist grundsätzlich vergütungspflichtig. Zuwiderhandlungen unterliegen den Strafbestimmungen des Urheberrechts.

ISBN 978-3-03810-259-5

www.nzz-libro.ch
NZZ Libro ist ein Imprint der Neuen Zürcher Zeitung

MIX
Papier aus verantwortungsvollen Quellen
FSC® C016003

ClimatePartner°
klimaneutral
Druck | ID 53232-1701-1011